LE TRIOMPHE

DES GRACES,

OU

ÉLITE,

EN PROSE ET EN VERS;

Des meilleurs écrits anciens & modernes, qui ont été faits à la louange des Graces, par les Auteurs Grecs & Latins; François & Étrangers; tels que Pindare, Homère, Virgile , Horace , &c. Houdart de la Motte , l'Abbé Maffieu , Roy , le P. André , le Chevalier de Méré , &c. MM. les Auteurs de l'Encyclopédie, le C. de B**, de Saint-Foix , Dorat , &c. &c. & Gerftenberg , Métaftafe , l'Abbé Winckelmann & Zanotti : publiée ,

Par M. DE QUERLON.

Sous la dénomination DES GRACES.

Orné des plus belles Figures en taille-douce, par les meilleurs Maîtres.

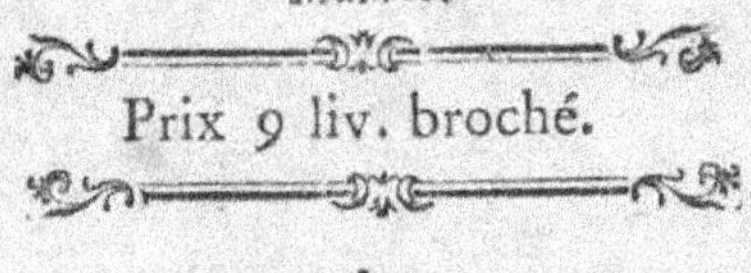

Prix 9 liv. broché.

A PARIS,

Rue Saint-Jean-de-Beauvais , la premiere Porte Cochere au-deffus du Collège.

M. DCC. LXXV.

Avec Approbation & Privilége du Roi.

AVERTISSEMENT

DE L'ÉDITEUR.

QUAND on présente un Recueil semblable, au Peuple adorateur des GRACES, on a droit à son estime. C'est le cas où se trouve l'Homme de Lettres distingué, auquel nous en sommes redevables. Ses talens, depuis longtems exercés, font en possession de plaire au Public ; & tout ce que nous pourrions ajouter à sa louange à cet égard, n'ajouteroit point un fleuron à sa Couronne Littéraire. L'hommage que nous faisons au Public de son

Recueil, bien précieux par son exécution, suffit à son éloge ; & nous nous
imposons le plus respectueux silence
sur des louanges que sa modestie désa-
vouroit.

A
MADAME***.

JE ne veux point chanter Bacchus ;
Du divin Apollon je ne suis point les traces ;
Je tiens ma lyre de Vénus ,
Ma lyre doit chanter les G RACES.

JE ne m'adresse plus qu'à vous :
Maîtresse de mes chants , dirigez-en l'usage.
Que l'Univers en soit jaloux ,
Mais qu'il m'accorde son suffrage.

ij AUX GRACES.

.... votre charmant aspect

De décence & d'attraits peint l'heureux assemblage;

Et vous inspirez le respect,

Même en ravissant notre hommage.

TOUT rit sous votre aimable loi :

L'Amour auroit par vous fait triompher ses armes;

D'un séduisant *je ne sçai quoi*.

C'est vous qui faites tous les charmes.

GRACES, de vos prodigues mains,

Vous l'avez chaque jour de nouveaux dons parée.

Elle eût étonné les humains;

Par vous elle en est adorée.

PRÉFACE.

LE Peuple le plus spirituel qui ait jamais existé ; qui pensoit le plus délicate-
ment, avec le plus de finesse, & qui s'ex-
primoit comme il pensoit ; qui principalement avoit l'art de peindre les idées les
plus abstraites sous des images sensibles &
toujours riantes : les GRECS, en un mot,
ont apperçu les premiers ces inflexions
fines, légères, & ces fugitives nuances,
qui parent la beauté, c'est-à-dire, la régularité des traits ou des formes, qui l'embellissent même encore, & qui souvent y
suppléent. S'ils n'en sont pas les premiers
Observateurs, ce sont eux du moins qui
paroissent les avoir le mieux remarquées,
& qui, pour leur donner un corps, pour
fixer en quelque façon leur mobilité, leur
être idéal, les ont personnifiées, en créant
les GRACES, en les représentant sous
les attributs du sexe le mieux partagé d'a-
grémens. Ainsi l'on nous a fait concevoir,

on nous a presque rendus senfibles tous ces petits moyens de plaire , indépendans de la beauté ; ainfi l'idée des Graces nous eft devenue familière.

Il y a quelque différence à faire entre les *Graces* & la *grace*. Les Graces font de la Nature : la Grace peut être l'ouvrage de l'Art. Les exercices de la jeuneffe , la Danfe , les Armes , l'Equitation , affoupiffant le corps , en rendent toujours les mouvemens plus aifés , plus libres , & lui donnent par conféquent de la grace. L'ufage du monde forme auffi les jeunes perfonnes , & fuffit quelquefois pour leur donner de la grace ; mais les Graces ne s'acquièrent point. Cependant beaucoup de gens les confondent ; & fans trop démêler ce que c'eft , relativement ou abfolument , que la Grace & les Graces, ce font les mots que l'on a le plus fouvent à la bouche.

On a donc crû que les gens du monde ; les perfonnes un peu lettrées, les Artiftes , les Amateurs ne verroient pas fans intérêt un Recueil où l'on auroit rassemblé ce que les Anciens & les Modernes ont dit de plus agréable & de plus exact tant sur les Graces que sur la Grace. Tel est l'objet de cette Collection, que l'on verra, par le choix des Piéces, n'être pas moins instructive qu'amusante.

Pour la rendre plus complette, on y a joint le beau Discours sur les Graces, du P. *André*, qui fait partie de son *Essai sur le Beau*, dans l'Edition de Paris 1763, la plus ample & la plus exacte de toutes *.

Nous connoissons des Poësies Latines de *Balthasar de Vias*, Poëte de Marseille, rassemblées sous le titre de *Graces :* Charitum Libritres. Ce Recueil adressé à M. Habert de Montmor, Maître des Requêtes, a été imprimé à Paris en

---

* Elle se trouve, avec les autres Ouvrages de cet ingénieux Écrivain, chez *Ganeau*, Libraire, rue Saint-Severin, aux Armes de Dombes.

1660, & forme un volume *in-4°.* d'environ 300 pages. Toutes les Poëſies qui le compoſent ſont en vers élégiaques aſſez bien faits. L'Auteur y célèbre, ſous les noms des trois Graces, ou des *Iris en l'air*, ſuivant l'uſage du temps, ou des Beautés réelles traveſties poëtiquement en Euphroſine, en Paſithée, en Aglaé. Dans tout l'Ouvrage, il n'eſt queſtion que des Graces; elles ſont reproduites ſans ceſſe ſous une infinité d'allégories différentes. L'Auteur Marſeillois tenoit encore de cette *Erotomanie poëtique*, qui, depuis Pétrarque, avoit tourné tous les eſprits à ces galantes fadeurs, dont nous avons peut-être à Boileau l'obligation d'avoir été délivrés vers la fin du dix-ſeptiéme ſiécle.

LES GRACES CHANTÉES PAR PINDARE.

LES GRACES.

ODE

DE PINDARE,

Qui est la quatorziéme des Olympiques,

A ASOPIQUE D'ORCHOMENE,

Vainqueur à la Course.

TRADUITE EN FRANÇOIS
Par M. l'Abbé MASSIEU.

ARGUMENT.

COMME les Odes de Pindare étoient proprement des cantiques sacrés, ainsi qu'il les appelle toujours lui-même, il les commençoit d'ordinaire par l'invocation de quelque Divinité ; mais il n'en invoquoit jamais aucune, sans en avoir des raisons par-

A

ticulières , tirées du fond même de son sujet. Trois considérations l'obligèrent d'adresser cette Ode aux Graces. Asopique , qui en est le Héros , venoit , pour son coup d'essai , de remporter le prix de la Course à Olympie ; il étoit d'Orchomène , & il se trouvoit alors dans la fleur de l'âge. Or les Graces étoient du nombre des douze Divinités qui présidoient aux Jeux Olympiques : elles étoient Déesses tutélaires d'Orchomène , où elles avoient le plus magnifique & le plus célèbre de leurs Temples ; enfin elles aimoient à favoriser le mérite naissant & la jeunesse. Il ne faut donc pas s'étonner que la plus grande partie de cette Ode soit sur le compte de ces Déesses. Le Poëte attribue à leur protection l'heureux succès qu'Asopique vient d'avoir ; il leur en rapporte toute la gloire , & leur présente son cantique , comme un monument éternel de la reconnoissance de ce jeune vainqueur & de sa patrie. Il finit par prier la Renommée de descendre aux Enfers , & de porter à Cléodème , mort depuis quelque temps , la nouvelle de la victoire de son fils. Cette Ode n'a que trente-cinq vers ; mais c'est une des plus belles de Pindare ; elle renferme en abrégé tout ce que l'Histoire & la Fable nous ont transmis de plus curieux touchant les Graces. Si l'on y retrouve par-tout cette élévation , cette

force & cette hardieſſe qui font le véritable carac-
tère du Poëte Thébain ; elles y ſont tempérées par
des expreſſions graçieuſes & par des images rian-
tes , qui rendent cette petite piéce entièrement digne
des trois Déeſſes auxquelles elle eſt conſacrée.

ODE.

Vous qui, ſur les bords du Céphiſe ,
habitez une contrée fertile en excellens
courſiers, Déeſſes fameuſes qui régnez ſur
l'opulente ville d'Orchomène , éternelles
protectrices de l'ancien peuple des Mi-
nyens: GRACES, je vous invoque, exaucez-
moi. Les hommes tiennent de vous tous
les biens & tous les agrémens dont ils jouiſ-
ſent : c'eſt vous, qui leur diſpenſez la ſageſſe , la beauté & la gloire ; les Dieux
eux-mêmes ne célèbrent point de danſes ni
de repas où ne préſident les Graces. Arbi-
tres ſouveraines de tout ce qui ſe fait dans
le Ciel, elles ont leur thrône près d'Apollon, & adorent ſans ceſſe avec lui l'inta-
riſſable majeſté du Dieu d'Olympie, leur
père commun.

A ij

Filles refpectables du plus puiffant des Immortels , Aglaïe & Euphrofine , pour qui les chants facrés ont tant de charmes, prêtez l'oreille à ma voix. Et vous , divine Thalie , qui n'aimez pas moins nos canti-ques , jettez un regard fur ce concert har-monieux qui , à l'occafion d'une victoire éclatante, s'éleve légèrement dans les airs. Je viens célébrer Afopique , & fur le mode Lydien lui confacrer le fruit de mes veil-les. Déeffe bienfaifante , c'eft par un effet de votre protection qu'aujourd'hui Orcho-mène eft victorieufe à Olympie. Mais vous, écho des beaux exploits , infatigable Re-nommée , defcendez au fombre palais de Proferpine , & portez à Cléodème l'agréa-ble nouvelle des premiers fuccès de fon fils. Racontez-lui comment , au fein de Pi-fe , ce jeune Héros vient de ceindre fon front d'une des couronnes qui font voler la gloire de nos combats jufqu'aux extré-mités de la terre.

DISSERTATION

SUR

LES GRACES.

Par M. l'Abbé MASSIEU.

SI la Théologie des Poëtes anciens n'é-
toit pas trop fensée, on ne peut difcon-
venir qu'elle ne fût du moins très-agréa-
ble. Il eft vrai que le bon-fens fouffroit de
cette multitude de Dieux qui ne leur coû-
toient rien à enfanter, mais l'imagination
y trouvoit fon compte. Ils la prome-
noient, par le moyen de leurs fictions,
dans des enchantemens continuels. Le
Ciel, les Aftres, la Mer, la Terre, toute
la Nature devenoit, dans leurs principes,

A iij

vivante & animée. De quelque côté qu'on
tournât les yeux, on ne voyoit autour de
foi que des objets, qui, en apparence ma-
tériels & infenfibles, avoient au fond &
du fentiment & de l'intelligence. Se pro-
menoit-on le long d'un fleuve, c'étoit un
Dieu en perfonne, panché fur une urne,
& couronné de rofeaux. Les Fontaines
étoient des grottes de cryftal, où les Naïa-
des faifoient leur demeure. Les Oréades
habitoient les montagnes, & les rempliſ-
foient de je ne fçai quelle horreur reli-
gieuſe. Dans la folitude des forêts, on fe
trouvoit au milieu des Faunes, des Satyres & des Dryades; & pour peu qu'on eût
de foi poëtique, on entendoit leurs voix,
on voyoit leurs danfes. En un mot, tous
les Eftres qui concourent à former l'Univers, étoient prefque autant de Divinités.

Mais dans ce grand nombre de Divinités différentes, dont les Poëtes s'aviferent
d'embellir le monde, je ne fçai s'ils en
imaginèrent jamais de plus aimables que

celles qui vont faire le fujet de cette Differtation. C'étoit d'elles que toutes les autres empruntoient leurs charmes. Elles étoient la fource de tout ce qu'il y a de gracieux & de riant dans la nature. Elles donnoient aux lieux, aux perfonnes, aux ouvrages, à chaque chofe en fon genre, ce dernier agrément qui embellit toutes les autres perfections, & qui en eft comme la fleur. Enfin on ne pouvoit tenir que d'elles, ce don fans lequel tous les autres font inutiles ; je veux dire, le don de plaire. Auffi, entre toutes les Déeffes, il n'y en avoit point qui euffent un plus grand nombre d'adorateurs. Tous les états, toutes les profeffions, tous les âges leur adreffoient des vœux, & leur préfentoient de l'encens. Chaque Science & chaque Art avoit en particulier fa Divinité tutélaire ; mais tous les Arts & toutes les Sciences reconnoiffoient l'empire des Graces. Leur jurifdiction n'avoit point de bornes. Les Orateurs, les Hiftoriens, les Poëtes, les Peintres, les Sculpteurs, les Muſiciens, & généralement tous ceux qui cherchoient à mériter l'approbation publique, leur ſacrifioient à l'envi, & ne ſe promettoient un heureux ſuccès qu'autant qu'ils pouvoient ſe les rendre favorables.

J'ai crû que je ne m'éloignerois point du but de cette Compagnie, ſi je raſſemblois ce que les Anciens nous ont laiſſé ſur des Déeſſes qui tenoient un rang ſi conſidérable dans la Religion; & je n'ai point appréhendé qu'un ſemblable ſujet ne parût pas aſſez digne du lieu où je parle. On ſçait que Speuſippe, diſciple & ſucceſſeur de Platon, plaça leur tableau dans l'école où ce fameux Philoſophe donnoit ces grandes leçons de ſageſſe qui depuis ont fait l'admiration de tous les ſiécles : tant on étoit alors convaincu que les Graces doivent préſider dans ces aſſemblées mêmes, où l'on traite les matières les plus ſérieuſes & les plus ſublimes.

Pour garder quelque ordre dans cette

Differtation, je réduirai à fix articles tout ce que j'ai à dire fur les Graces. Je parlerai d'abord de leur origine, & puis de leur nombre ; enfuite des différens noms qu'on leur a donnés ; après cela, de leurs attributs ; en cinquiéme lieu, du culte qu'on leur rendoit ; & enfin, des biens dont elles étoient les difpenfatrices. Que fi dans ce grand nombre de particularités, on en trouve plufieurs qui étoient connues, peut-être en trouvera-t-on quelques-unes qui ne l'étoient pas affez, & qui méritoient d'être tirées de l'obfcurité. Quoi qu'il en foit, j'ai eu intention de faire des unes & des autres une forte de fyftême fuivi & complet.

ARTICLE PREMIER.

De l'origine des Graces.

Le grand inconvénient de la Théologie des Poëtes, eft de ne s'accorder pas affez avec elle-même. Comme un des principaux caractères du menfonge eft de fe contredire, elle n'est à proprement parler qu'une suite continuelle de contradictions. Mais quoiqu'elle se démente presque sur tout, on peut dire qu'elle varie principalement sur la naissance de ses Dieux. On croyoit communément que Vénus étoit sortie du sein de la mer ; il y a pourtant des Poëtes qui veulent qu'elle soit née de Jupiter & de Dioné.

Selon quelques-uns, le Soleil est fils de Jupiter ; & selon d'autres, fils d'Hypérion. Les uns prétendent que, par un prodige inconnu jusqu'alors, Pallas sortit toute armée du cerveau de Jupiter ; les autres soutiennent que, selon le cours ordinaire de la nature, elle reçut le jour de Neptune & de Tritonis, Nymphe qui présidoit & donnoit son nom à un marais d'Afrique. Enfin, il n'y a presque point de Dieu à qui la Mythologie, grace à la fécondité du cerveau des Poëtes, ne donne plusieurs pères & plusieurs mères. On ne doit donc pas s'étonner si les Anciens sont si peu

d'accord fur la naiffance des Graces. Quelques-uns ont crû qu'elles furent le fruit
d'un mariage légitime, & qu'elles naqui-
rent de Jupiter & de Junon. Mais prefque
tous les autres prétendent que des Déeffes
fi charmantes dûrent le jour, non au devoir, mais à l'amour feul.

Héfiode, le grand Généalogifte de l'O-
lympe, nous apprend qu'elles furent une
fuite des amours de Jupiter & de la belle
Eurynome, fille de l'Océan.

Onomacrite, auteur des Hymnes qu'on
attribue ordinairement à Orphée, nomme
leur mere *Eunomie*.

Elle s'appelloit *Hémonie*, felon les Catalectes.

Son nom étoit *Harmione*, felon Lactan-
tius, ancien Commentateur de Stace.

D'autres l'appellent *Antinome*, *Eurymé-
dufe*, *Eurytomène*, *Evanthé*. Mais Antima-
que, Poëte très-ancien, foutient qu'elles
font filles de Jupiter & de la Nymphe
Eglé.

Il y en a même qui leur donnent un père mortel, & qui les font filles d'Etéocle, Roi d'Orchomène, ville de Béotie. Ils se fondent sur ce que Théocrite les appelle *Etéocléennes;* mais les plus habiles Commentateurs prétendent que le Poëte Bucolique les nomme ainsi, non parce qu'Etéocle étoit leur père, mais parce qu'il fut le premier qui leur éleva des autels & leur offrit des sacrifices. Enfin, l'opinion la plus communément reçue, quoique peut-être la moins fondée dans les écrits des Anciens, c'est qu'elles sont filles de Bacchus & de Vénus; c'est-à-dire, d'un Dieu qui dispense la joie aux hommes, & d'une Déesse qui fait les délices du Ciel & de la Terre, & que l'on a toujours regardée comme l'ame du monde.

Et certainement pour peu qu'on fasse attention au caractère des Déesses dont nous cherchons l'origine, on avouera que difficilement peut-on leur en donner une qui leur convienne mieux. Mais si tous les

Poëtes ne tombent pas d'accord que les Graces fuſſent filles de Vénus, au moins ils reconnoiſſent tous qu'elles étoient ſes compagnes inséparables, & qu'elles faiſoient la partie la plus brillante de ſa Cour. Moſchus, dans cette charmante Idylle où il répréſente Europe qui joue avec de jeunes filles de ſon âge, dit, qu'*elle brilloit entre ſes compagnes, comme Vénus brille entre les Graces.*

Anacréon, celui de tous les Poëtes de l'Antiquité qui a le mieux connu les Divinités dont nous parlons, & qui les avoit comme faites à ſon badinage, ne manque guères de faire aller de compagnie les Graces & les Amours. *Le fils de Cythérée*, dit-il, *aime à ſe couronner de roſes, lorſqu'il danſe avec les Graces.*

Le même Poëte preſſe un excellent Ouvrier de lui faire une coupe d'argent, & d'y repréſenter, à l'ombre d'une vigne, *les Amours déſarmés & les Graces riantes.*

Les Poëtes Latins parlent ſur cela le

même langage que les Poëtes Grecs. Horace dans cette Stance heureuse où il sçait renfermer en trois vers toutes les Divinités qui composent ordinairement le cortége de Vénus, place les Graces immédiatement après l'Amour. C'est dans cette petite Ode, où il prie la Déesse de Cnide & de Paphos d'abandonner les lieux où elle est le plus adorée, pour se transporter dans la maison de Glycère, & pour y placer son Temple. *Que votre fils armé de son flambeau, lui dit-il, que les Graces laissant flotter négligemment leurs voiles, que les Nymphes, que la Jeunesse qui vous doit tous ses charmes, que Mercure enfin accourent sur vos pas.*

On voit par le détail où nous sommes entrés, que la naissance des Graces est peut-être le point de toute la Fable sur lequel les Poëtes s'accordent le moins, & qu'ils donnent à ces Déesses jusqu'à quatre pères : sçavoir, Jupiter, le Soleil, Bacchus, Etéocle ; & jusqu'à onze mères, qui sont, Junon, Eurynome, Eunomie, Hé-

monie, Harmonie, Églé, Vénus, Anti-
noé, Euryméduse, Eurytomène & Evanthé.

Je ne sçais pourtant si de ce grand nombre de mères, il ne faudroit point en re-
trancher trois. M. l'Abbé Sévin prétend,
& son sentiment est fort vrai-semblable,
que le mot d'*Eunomie* dans Onomacrite,
celui d'*Hémonie* dans le vers des Catalectes,
& celui d'*Harmione* dans le Commentateur
de Stace, sont corrompus ; & qu'il faut
lire dans ces trois Auteurs, *Eurynome*, sur
la foi du texte d'Hésiode, qui donne ce
dernier nom à la mère des Graces.

ARTICLES II. & III.

*Du nombre des Graces , & des divers noms
qu'on leur a donnés.*

Quoi qu'il en soit, les Anciens n'étoient
pas plus d'accord sur le nombre & sur les
noms de ces Déesses, que sur leur origine.
Les Lacédémoniens n'en reconnoissoient

que deux, qu'ils adoroient fous le nom
de *Clito* & de *Phaenné*. Les Athéniens n'en
admettoient pas davantage, mais ils les
appelloient *Auxo* & *Hégémone*. Héfiode,
& après lui Pindare, Onomacrite & la
plûpart des autres Poëtes, fixent le nombre des Graces à trois, & les nomment
Eglé, *Thalie* & *Euphrofyne*.

Ce qu'il y a d'embarraffant, c'eft que
Thalie paffe ordinairement pour être le
nom d'une des Mufes. Mais quel inconvénient y a-t-il qu'une Mufe & une Grace
ayent porté le même nom? Les Grammai-
riens dont les rafinemens font quelquefois
plus fpécieux que folides, prétendent que
le mot *Thalie* a la pénultième bréve, lorfqu'il fignifie une des Graces, mais qu'il a
la pénultiéme longue, lorfqu'il défigne une
des Mufes. On pourroit s'y tromper fur
leur dépofition unanime. Mais fi l'on examine la chofe de près, on trouvera que
leur diftinction n'a nul fondement dans les
écrits des Anciens. Car fi le mot *Thalie* eft

bref

bref dans le vers d'Héfiode, il eft long dans celui d'Onomacrite.

Un autre embarras, c'eft qu'Homère change le nom d'une des Graces, & l'appelle *Pafithée*. Car dans le quatorziéme Livre de l'Iliade, Junon va trouver le Dieu du Sommeil ; & comme Déeffe du mariage, elle lui promet Pafithée pour femme, à-peu-près comme dans l'Enéide, elle va trouver Eole & lui promet Déïopée.

Je vous rendrai poffeffeur de la charmante Pafithée, cette jeune Grace pour qui vous paffez les jours à foupirer. Stace conferve à cette Grace le nom qu'Homère lui donne, & la place même avant les deux autres. C'eft dans l'endroit où il fait le dénombrement des Divinités qui fabriquèrent le fameux collier d'Hermione : collier funefte à toutes les femmes qui le portèrent, & fource d'une infinité de guerres & de malheurs. Ce Poëte dit en fon ftyle pompeux : *Pafithée, la première des Graces ; le*

B

Dieu des agrémens, & l'aimable fils de Vénus
ne mirent point la main à cet ouvrage. Le
deuil, la rage, le défespoir & la difcorde, le
forgèrent de leurs triftes mains. Malgré l'autorité de Stace & d'Homère, les noms
qu'Héfiode a donné aux Graces leur font
demeurés. Mais quoique l'opinion, qui réduit ces Déeffes à trois, ait prévalu, il y
avoit plufieurs endroits dans la Grèce où
l'on en reconnoiffoit quatre. On les con-
fondoit avec les *Heures*, c'eft-à-dire, avec
les quatre Déeffes qui préfidoient aux quatre Saifons de l'année. C'eft pour cela
qu'on les repréfentoit couronnées, l'une
de fleurs, l'autre d'épis, la troifiéme de
pampres & de raifins, & la quatriéme
d'une branche d'olivier, ou de quelqu'un
de ces autres arbres qui confervent leur verdure jufques dans l'hyver. C'étoit pour la
même raifon encore, qu'affez fouvent on
repréfentoit Apollon, Dieu des Saifons,
portant de la main gauche un arc & des
fléches, & foutenant de la droite de petites

figures des quatre Graces. Je ne crois pas que la bonne & saine Antiquité en ait guères admis un plus grand nombre. Mais les Écrivains du moyen-âge renchérirent beaucoup sur les anciens, & multiplièrent à l'infini ces Divinités. Aristenet, Auteur outré, qui dans ce qu'il écrit ne répand pas les fleurs par pincées, mais les verse avec la corbeille, voulant nous donner dans la jeune Cydippe le modèle d'une beauté parfaite, dit que les Graces voloient autour de ses yeux, non au nombre de trois, mais par centaines. L'expression, dont il se sert, est remarquable. Le Musée, dont nous avons un Poëme sur les amours de Héro & de Léandre, n'est pas plus retenu qu'Aristenet. *Les Graces*, dit ce Poëte, *brilloient dans toute la personne de Héro. N'en déplaise aux Anciens*, ajoute-t-il : *quand ils disent qu'il n'y a que trois Graces, ils ne disent pas vrai. Lorsque Héro daignoit sourire, on en découvroit plus de cent dans ses yeux seuls.*

Mais Nonnus, dans le Poëme qu'il a

fait à l'honneur du Dieu des Vendanges, porte encore les choses plus loin. Car, dans le dessein de rehausser la gloire du Dieu qu'il célèbre, il convient bien qu'il y avoit trois Graces à la suite d'Apollon ; mais il soutient qu'il n'y en avoit pas moins de trois cens à la suite de Bacchus.

C'est ainsi que ces Écrivains s'éloignent à l'envi de l'heureuse simplicité des premiers siécles, & se jettent dans les hyperboles les plus étranges : tant il est vrai qu'il n'y a point d'excès dont l'imagination ne soit capable, dès qu'une fois elle a passé les justes bornes. Il ne faut pas oublier que quelques Auteurs mettent la Déesse de la Persuasion au nombre des Graces, voulant nous insinuer par-là que le grand secret, pour persuader, c'est de plaire.

ARTICLE IV.

Symboles & attributs des Graces.

Quant aux symboles & aux attributs

des trois Graces , ils étoient en grand nombre. Au commencement, on ne repré-sentoit ces Déesses que par de simples pier-res qui n'étoient point taillées ; mais on les représenta bientôt sous des figures hu-maines , habillées de gaze dans les pre-miers temps , & dans la suite toutes nues. Pausanias avoue qu'il ne sçauroit marquer l'époque où l'on cessa de leur donner des habits. *Je n'ai pu découvrir , dit-il , quel fut le premier Peintre ou le premier Sculpteur qui s'avisa de représenter les Graces toutes nues ; car anciennement les Sculpteurs & les Peintres leur donnoient des voiles : témoin les figures de ces Déesses que nous ont laissées Bupale , Apelle, Pythagore de Samos & Socrate. Mais ceux qui sont venus depuis , ont , sans que je puisse devi-ner pourquoi , ôté aux Graces leurs habits , & les ont représentées toutes nues.* Peut-être pour-roit-on dire qu'ils les représentèrent de la sorte, pour faire entendre que rien n'est plus aimable que la simple nature. Les ha-bits qu'ensuite on leur donna , n'étoient

que d'une gaze mince & légère, pour marquer que les véritables beautés plaisent
principalement par elles-mêmes ; & que
si quelquefois elles appellent l'art au secours de la nature, elles ne doivent em-
ployer les ornemens étrangers que sobre-
ment & avec retenue. On les repréfentoit
jeunes, parce qu'on a toujours regardé les
agrémens comme le partage de la jeuneſſe. Il ſemble pourtant qu'Homère ait
reconnu des Graces plus avancées en âge ;
car Junon, comme nous l'avons vu, promet au Dieu du Sommeil une des plus jeunes Graces.

Ce grand Poëte n'auroit-il point voulu
marquer par-là que chaque âge a ſes agrémens, & qu'il eſt même des naturels heureux & privilégiés, qui dans un âge avan-
cé, & juſques dans la vieilleſſe, ſçavent
conſerver avec bienſéance & avec dignité
tout ce qui rend la jeuneſſe aimable ? On
croyoit communément qu'elles étoient
filles & vierges. Peut-être parce que l'on

étoit perſuadé qu'il étoit bien difficile que les agrémens de la vie puſſent ſubſiſter dans le trouble d'une paſſion, ou parmi les embarras du mariage. Cependant, contre l'opinion commune, Homère marie deux des Graces; &, ce qu'il y a de plus ſurprenant, il les partage aſſez mal en maris; car il donne pour époux, à l'une, un Dieu qui dort toujours, & à l'autre, le plus laid de tous les Dieux. Dans le dix-huitiéme Livre de l'Iliade, Thétis va chez Vulcain, qu'elle trouve preſſant le travail des Cyclopes, & mettant lui-même la main à l'œuvre. La Grace, qu'il avoit pour femme, accourt au-devant de la Déeſſe.

Sur quoi l'on peut remarquer en paſſant, qu'Homère s'éloigne encore ici de l'opinion commune, qui donne à Vulcain Vénus pour femme. Les Scholiaſtes ſont fort embarraſſés à deviner pourquoi le Poëte marie une Grace toute charmante au Dieu des Forges. Phurnutus, ſans y chercher tant de fineſſe, dit qu'Homère a

voulu nous faire entendre par-là que les
agrémens doivent régner jufques dans les
ouvrages les plus méchaniques. D'autres
croyent qu'il a fimplement voulu marquer
l'étrange bizarrerie qui fe trouve dans l'af-
fortiment de la plûpart des mariages, par
laquelle il arrive affez fouvent que de fort
aimables femmes font liés à des hommes
qui ne le font guères. Enfin, d'autres prétendent que cette allégorie cache une vérité morale beaucoup plus importante, qui
eft, que tandis que le mari fe charge des
foins laborieux & pénibles, la femme doit,
par les agrémens de la figure, de l'humeur
& des manières, faire l'ornement & la
douceur de la maifon. On repréfentoit encore les Graces dans l'attitude de perfonnes qui danfent, pour marquer qu'amies
de la joie innocente, elles ne s'accom-
modent pas d'une gravité trop auftère.
Elles fe tenoient par la main fans fe quit-
ter, pour fignifier que les qualités agréables uniffent naturellement les hommes,

& font un des plus doux liens de la société. Elles ne connoiſſoient point l'uſage des
agrafes ni des ceintures , mais laiſſoient
flotter leurs voiles au gré des zéphyrs, pour
exprimer qu'il eſt une ſorte de négligé qui
vaut mieux que toutes les parures les mieux
arrangées , & que dans les ouvrages d'eſprit,
comme dans tout le reſte , il y a des négli-
gences heureuſes , infiniment préférables
à la ſcrupuleuſe exactitude. Nous liſons
dans Pauſanias qu'on voyoit à Elis les ſtatues des trois Graces , où elles étoient repréſentées de telle ſorte que l'une tenoit
à la main une roſe , l'autre un dez à jouer ,
& la troiſiéme une branche de myrthe :
Symboles dont cet Auteur nous donne lui-
même l'explication. C'eſt que le myrthe &
la roſe , dit-il , ſont particulièrement con-
ſacrés à Vénus & aux Graces ; & quant au
dez , il eſt une marque du penchant que la
jeuneſſe , (âge que les Graces aiment par
préférence), a pour les jeux & les ris. Mais
que dirons-nous d'une coûtume que les

Anciens avoient de repréfenter les Graces
au milieu des plus laids Satyres ? Jufques-
là, qu'affez fouvent même les ftatues des
Satyres étoient creufes, de manière qu'on
pouvoit les ouvrir & les fermer ; & quand
on les ouvroit, on découvroit au-dedans
de petites figures de Graces. Que pouvoit
fignifier un affemblage fi bizarre ? Auroit-
on voulu nous indiquer par-là qu'il ne faut
pas juger des hommes fur l'apparence ,
que les défauts de la figure peuvent fe ré-
parer par les agrémens de l'efprit , &
qu'affez fouvent un extérieur difgracié cache de grandes qualités intérieures ?

ARTICLE V.

Du Culte qu'on rendoit aux Graces.

On peut aifément juger que des Divinités fi aimables ne manquèrent ni d'autels ni de temples. On prétend , comme
nous l'avons déja remarqué , que ce fut
Etéocle qui leur en éleva le premier , &

qui régla ce qui concernoit leur culte. Il étoit Roi d'Orchomène, la plus agréable Ville de toute la Béotie. On y voyoit une fontaine que son eau pure & salutaire rendoit célèbre par tout le monde. Près de-là couloit le fleuve Céphise, qui par la beauté de son canal & de ses bords, ne contribuoit pas peu à embellir un si charmant séjour. L'opinion commune étoit que les Graces s'y plaisoient plus qu'en aucun autre lieu de la terre. De-là vient que les anciens Poëtes les appellent ordinairement *Déesses de Céphise* & *Déesses d'Orchomène.* Cependant toute la Grèce ne convenoit pas qu'Etéocle eût été le premier à leur rendre les honneurs divins. Les Lacédémoniens en attribuoient la gloire à Lacédémon, leur quatriéme Roi. Ils prétendoient qu'il avoit bâti un Temple aux Graces dans le territoire de Sparte & sur les bords du fleuve Tiase ; & que ce Temple étoit, sans contredit, le plus ancien de tous ceux où elles recevoient des offran-

des. Quoi qu'il en soit, elles en avoient
encore à Elis, à Delphes, à Perge, à Pé-
rinthe, à Byzance, & en plusieurs autres
endroits de la Grèce & de la Thrace. Mais
non-seulement elles avoient des Temples
particuliers, elles en avoient de communs
avec d'autres Divinités. Ordinairement
ceux qui étoient consacrés à l'Amour,
l'étoient aussi aux Graces. On avoit coutume encore de leur donner place dans les
Temples de Mercure, parce qu'on étoit
persuadé que le Dieu de l'Eloquence ne
pouvoit se passer de leur secours. Mais sur-
tout les Muses & les Graces n'avoient
d'ordinaire qu'un même Temple. On sçait
l'union intime qui étoit entre ces deux
sortes de Divinités. Hésiode, après avoir
dit que les Muses ont établi leur séjour sur
l'Hélicon, ajoute que l'Amour & les Graces habitent près d'elles.

En effet, pour plaire aux unes, il falloit plaire aux autres. Pindare invoque les
Graces presque aussi souvent que les Mu-

fes ; il confond leurs jurifdictions, & par une de ces expreffions heureufes & hardies qui lui font familières , il appelle la Poëfie, *le délicieux jardin des Graces.* On célébroit plufieurs fêtes en leur honneur dans tout le cours de l'année. Mais le Printemps leur étoit principalement confacré. C'étoit proprement la faifon des Graces. *Voyez*, dit Anacréon , *comme au retour des Zéphyrs les Graces font parées de rofes.* Horace ne peint jamais la nature qui fe renouvelle , fans faire entrer les Graces dans cette peinture. Après avoir dit au commencement d'une de fes Odes , que par une agréable révolution les frimats font place aux beaux jours , il ajoute auffi-tôt , qu'on voit déja Vénus , les Graces & les Nymphes recommencer leurs danfes.

Cette image lui plaît fi fort , qu'il la préfente encore dans un autre endroit , où confervant tout le fond de la penfée , il fe contente de faire quelques changemens dans l'expreffion.

Mais ce n'étoit pas feulement à certains temps folemnels que les peuples fignaloient leur dévotion envers les Graces ; il n'y avoit guères de jour qui ne fût marqué par quelque hommage qu'ils leur rendoient. Il eft furprenant que la piété des Anciens influât prefque fur toutes les actions de leur vie. Elle fe retrouvoit au milieu même des plaifirs de la table. Ils ne faifoient point de repas où la plûpart des Dieux ne fuffent appellés. Ils n'avoient garde d'y oublier les Mufes ni les Graces. On honoroit les unes & les autres le verre à la main, avec cette différence, que pour s'attirer la faveur des Mufes, on bûvoit neuf coups, au-lieu que ceux qui vouloient fe concilier les Graces, n'en bûvoient que trois.

Tous les Peuples ont toujours regardé le ferment comme un acte de religion, qui, étant fait dans les circonftances & avec les conditions néceffaires, honore l'Eftre fouverain. Cette forte d'honneur ne manquoit pas aux Graces. On atteftoit

leur Divinité : *De par les Graces , il a raison*, dit Socrate dans les nuées d'Aristo-
phane. Il faut avouer pourtant qu'il y a
une malice cachée sous ces termes. Car
le Poëte comique fait allusion par ce serment à la première profession de Socrate,
qui, avant que d'être Philosophe , avoit
été Sculpteur , & avoit fait les statues des
trois Graces qu'on avoit placées dans la
Citadelle d'Athènes.

Enfin les Anciens aimoient à marquer
leur zèle pour leurs Dieux, par divers monumens qu'ils élevoient à leur gloire, par des
tableaux , par des statues , par des inscrip-
tions , par des médailles. Or toute la Grèce étoit pleine de semblables monumens
que la piété publique avoit consacrés aux
Graces. On voyoit dans la plûpart des villes leurs figures , faites par les plus grands
maîtres. Il y avoit à Pergame un tableau
de ces Déesses peint par Pythagore de
Paros. Un autre à Smyrne qui étoit de
la main d'Apelle. Socrate avoit fait leurs

ſtatues en marbre , & Bupale les fit en or.
Pauſanias parle de pluſieurs autres également recommandables par la richeſſe de
la matière & par la beauté du travail. Démoſthène rapporte dans la Harangue pour
la Couronne , que les Athéniens ayant ſecouru les habitans de la Querſonèſe dans
un beſoin preſſant, ceux-ci pour éterniſer
le ſouvenir d'un tel bienfait , élevèrent
un autel avec cette inſcription : *Autel conſacré à celle des Graces qui préſide à la reconnoiſſance.* Et pour finir par les monumens
auxquels cette Compagnie s'intéreſſe plus
particulièrement , & qui peut-être ſont
beaucoup plus durables que tous les autres, il y avoit un grand nombre de médailles où les Graces étoient repréſentées ;
pluſieurs ſont venues juſqu'à nous. Telle
eſt une médaille Grecque d'Antonin Pie
frappée par les Périnthiens ; une de Septime Sévère, par les habitans de Perge dans
la Pamphilie ; une autre d'Alexandre Sévère , par la Colonie Flavienne , dans la
Thrace ;

Thrace ; & enfin, une de Valérien père de Gallien, par les Byzantins. C'eſt d'après ces anciennes médailles qu'on a frappé, dans ces derniers temps, celles de Pic de la Mirande & du Connétable Anne de Montmorency, où l'on voit d'un côté les têtes de ces grands hommes, & de l'autre les trois Déeſſes dans les mêmes attitudes qu'on les repréſentoit autrefois. Ce fut auſſi ſur ce modèle qu'on frappa l'ingénieuſe médaille de Jeanne de Navarre, où l'on repréſenta d'un côté cette Princeſſe , & au revers les trois Graces, avec cette légende : *Ou quatre, ou une.* Penſée qui a beaucoup de rapport avec celle qui ſe trouve dans cette jolie épigramme de l'Anthologie , faite ſur une jeune perſonne qui réuniſſoit en elle tous les agrémens de la figure, des manières & de l'eſprit.

Il y a quatre Graces , deux Vénus & dix Muſes. Dercyle eſt une Muſe , une Grace , une Vénus.

C

A R T I C L E VI.

Biens dont les Graces étoient les dispensatrices.

Du reste, il ne faut pas s'étonner que les Anciens fussent si réguliers à faire leur cour aux Graces. C'étoit de ces Divinités bienfaisantes qu'ils attendoient les plus précieux de tous les biens. *Leur pouvoir,* dit Pindare, *s'étendoit à tous les agrémens de la vie.* Elles dispensoient aux hommes, non-seulement la bonne grace, la gaieté, l'égalité de l'humeur, la facilité des manières, & toutes les autres qualités liantes qui répandent tant de douceur dans la société civile, mais encore *la libéralité, l'éloquence* & *la sagesse,* dit le même Poëte, en leur adressant la parole.

Mais ce qui peut-être n'étoit pas moins considérable, elles donnoient ce je ne sçai quoi si vanté, qui fait qu'on est du goût de tout le monde, & qu'on plaît dans les moindres choses. Heureux don, qui seul

quelquefois tient lieu de mérite, & sans
lequel le mérite n'est point de mise ! Un
homme avoit beau rassembler en lui les
plus grands talens, un génie universel,
une vaste mémoire, une érudition pro-
fonde ; toutes ces perfections devenoient
inutiles, si les Graces n'y mettoient comme le dernier sceau. De-là vient que Platon qui trouvoit dans son disciple Xénocrate les dispositions les plus heureuses,
mais un peu de rudesse & de grossièreté,
avoit coutume de lui dire : *Xénocrate, sa-*
crifiez aux Graces. Et ce fut faute de leur
avoir sacrifié, qu'au rapport de Plutarque,
Marius ne fut pas aussi grand homme
qu'il auroit pu l'être, & qu'à de fort beaux
commencemens il attacha une fin qui n'y
répondit guères.

Mais la plus belle de toutes les préro-
gatives des Graces, c'est qu'elles présidoient aux bienfaits & à la reconnoissance ; jusques-là que presque dans toutes les
langues on se sert de leur nom pour expri-

mer & la reconnoiffance & le bienfait.
C'étoit comme Déeffes de l'un & de l'autre, que l'Antiquité les révéroit principalement. Auffi avoit-elle renfermé toute
la doctrine des bienfaits dans les figures
allégoriques fous lefquelles on avoit coutume de les repréfenter. Chryfippe, un des
plus grands ornemens du Portique, ayant
entrepris de traiter cet endroit important
de la Morale, crut qu'il ne pouvoit mieux
exécuter ce deffein, qu'en donnant l'explication de toutes ces différentes figures.
Sénèque, qui travailla depuis fur la même matière, blâme fort fon prédéceffeur
de s'y être pris de la forte, l'accufant d'a-
voir traité fon fujet plutôt en Poëte qu'en
Philofophe, & prétendant qu'on inftruit
tout autrement les hommes par des maxi-
mes férieufes, que par des allégories agréables. Quoi qu'il en foit, nous avons au
moins l'obligation à Chryfippe de nous
avoir tranfmis ce que les Anciens pen-
foient fur les attributs des Graces, & de

nous avoir révélé les myſtères qu'ils ca-
choient bien ou mal ſous ces attributs. Je
dis bien ou mal, car on eſt obligé de convenir que la plûpart de ces ſens myſtiques
ſont un peu recherchés ; mais il s'agit ici
d'en donner l'hiſtoire, & non d'en faire la
cenſure.

D'abord, on appelloit les trois Déeſſes
Charites, nom dérivé d'un mot Grec qui
veut dire *joie*, pour marquer que nous devons également nous faire un plaiſir, &
de rendre de bons offices, & de reconnoître ceux qu'on nous rend. Elles étoient
jeunes, pour nous apprendre que la mémoire d'un bienfait ne doit jamais vieillir.
Vives & légères, pour faire connoître qu'il
faut obliger promptement, & qu'un bienfait ne doit point ſe faire attendre : auſſi les
Grecs avoient-ils coutume de dire, qu'une
grace qui vient lentement, ceſſe d'être
une grace, ce qu'ils exprimoient par un
de ces jeux de mots dont ils n'étoient pas
ennemis. Vierges, pour donner à entendre,

premièrement, qu'en faisant du bien, on doit avoir des vûes pures, faute de quoi l'on corrompt son bienfait ; & en second lieu, que l'inclination bienfaisante doit être accompagnée de prudence & de rete-nue. C'est pour cette seconde raison que Socrate voyant un homme qui prodiguoit les bienfaits sans distinction & à tout ve-nant : *Que les Dieux te confondent*, s'écria-t-il ! *Les Graces sont Vierges, & tu en fais des Courtisannes*. Elles se tenoient par la main ; ce qui signifioit que nous devons, par des bienfaits réciproques, serrer les nœuds qui nous attachent les uns aux au-tres. Enfin elles dansoient en rond, pour nous apprendre qu'il doit y avoir entre les hommes une circulation de bienfaits ; & de plus, que par le moyen de la recon-noissance, le bienfait doit naturellement retourner au lieu d'où il est parti. C'est ainsi que, sous des figures qui sembloient n'être faites que pour le plaisir des yeux, les Anciens peut-être un peu trop amateurs des emblêmes & des symboles, sçavoient renfermer les verités les plus propres à éclairer l'esprit & à régler le cœur.

Je ne dois pas obmettre en finissant, que trois des plus grands Poëtes de l'Antiquité ont célébré les Graces dans des piéces faites exprès. Pamphos est le premier qu'on sçache, qui ait composé un hymne en leur honneur. Ce Poëte aujourd'hui peu connu, mais très-fameux dans les écrits des Anciens, vivoit dans les siécles les plus reculés. Entre plusieurs Cantiques qu'il avoit faits pour différentes Divinités, pour l'Amour, pour Diane, pour Cérès, pour Proserpine, &c. celui qu'il avoit fait pour les Graces étoit regardé comme un des plus beaux. Pindare leur consacra cette Ode charmante, qui est la dernière des Olympiques, & qui rassemble en moins de quarante vers, tout ce qu'on peut dire de plus magnifique à leur gloire. C'est cette Ode qu'un Poëte moderne, qui n'estime pas trop Pindare non plus qu'Homère, n'a pas dédaigné pourtant d'imiter dans une de ses piéces qu'il a intitulée LES GRACES, & adreſſée à M. le Duc de Vendôme. Nous avons auſſi dans Théocrite une Idylle qui porte le nom *des Graces*. On croiroit ſur la foi du titre, que cette piéce ſeroit très-galante, & rouleroit en grande partie ſur les trois Divinités qu'elle ſemble annoncer. Cependant on eſt tout ſurpris de n'y trouver preſque rien qui les regarde. Ce n'eſt, à proprement parler, qu'une plainte chagrine. Les Graces, dont parle Théocrite, ſont celles qu'il plaît quelquefois aux Poëtes de faire à des hommes riches & puiſſans, lorſqu'ils leur adreſſent des vers compoſés à leur honneur. D'où le Poëte Bucolique prend occaſion de s'emporter en des reproches contre l'ingratitude des Grands, qui dès ce temps-là ne connoiſſoient pas aſſez le prix de l'encens poëtique, & croyoient récompenſer dignement les peines d'un nourriſſon du Parnaſſe, s'ils lui permettoient de décorer de leur nom le frontispice de ses Ouvrages. Ces reproches occupent tout le corps de la piéce qui est assez longue. Après quoi Théocrite tourne tout court, & finit par cette apostrophe, en forme de prière :

GRACES, à qui jadis Etéocle bâtit des Temples, charmantes Déesses, qui habitez Orchomène, autrefois la rivale de Thébes, je préfere ma retraite à tous les lieux où l'on peut m'inviter. Que si pourtant on venoit à me souhaiter en quelqu'endroit, je ne craindrai point d'y paroître, pourvu que ce soit avec les Muses & avec vous ; car sans vous, que peut-il y avoir d'agréable pour les Mortels ? Puissent les Graces ne m'abandonner jamais !

LES GRACES.
ODE
A M. LE DUC
DE VENDÔME,

Par HOUDART DE LA MOTTE.

Cette Ode est une imitation de la quatorziè-
me Olympique de Pindare.

ODE.

Déesses, jadis adorées
Dans les abondantes contrées
Où Céphise roule ses eaux :
Que mon hommage vous attire,
Graces, venez toucher ma lyre,
Et tirez-en des sons nouveaux.

Par vous une troupe * vaillante
Enleva la Toifon brillante
Que gardoit le Dragon de Mars :
En vain fon haleine enflammée,
Et fes dents, mères d'une armée,
En étoient les affreux remparts.

Par une puiſſance ſecrette,
Du cœur de la fille d'Æëte
Vous fîtes triompher Jaſon :
Vous lui prêtâtes tous vos charmes,
Et bientôt le Scythe en allarmes
Perdit Médée & la Toifon.

L'Amour vous doit ſes traits, ſes flammes ;
A votre aſpect, naît dans les ames
La déſirable volupté.
Sans vous, rien ne nous intéreſſe :
C'eſt à vous d'orner la ſageſſe,
Et de faire aimer la beauté.

* Les Argonautes.

MALGRÉ l'appareil délectable,
Jusques à la céleste table
L'ennui s'introduiroit sans vous;
Au goût de la troupe choisie,
Vous assaisonnez l'ambroisie,
Et rendez le nectar plus doux.

TOUT fleurit par vous au Parnasse:
Apollon languit & nous glace,
Si-tôt que vous l'avez quitté.
Mieux que les traits les plus sublimes,
Vous allez verser sur mes rimes
Le don de l'immortalité.

OUI, je sens que pour moi Thalie
A ses sœurs aujourd'hui s'allie;
Elle me dicte mes Chansons.
Quels vers vont couler de ma veine!
La raison obéit sans peine
A la contrainte de mes sons.

JE célèbre un nouvel Hercule;
Et si, bravant un vain scrupule,
Je joins les Graces aux combats;
N'en est-il pas de martiales,
Telles que tu nous en étales,
Guerrière & charmante Pallas?

C'EST par vous, héroïques Graces,
Que VENDÔME sçait sur ses traces
Enchaîner les cœurs des Soldats:
Ces cœurs plus puissans que l'épée
Aux eaux infernales trempée;
Ces cœurs, la force des Etats.

DES Guerriers l'ami le plus tendre,
Une égale ardeur lui doit rendre
Un ami dans chaque Guerrier.
En est-il un seul qui ne tente,
Malgré la Parque menaçante,
D'être en mourant son bouclier?

TOI, Déesse aux rapides aîles,
Qui des actions immortelles
Instruis seule tout l'Univers,
Pénetre aux ténébreux rivages;
Force, pour t'y faire un passage,
Les noires portes des Enfers.

CHERCHE, entre les Royales ombres,
HENRI, l'honneur de ces lieux sombres;
Ce Prince autrefois notre appui.
Peins VENDÔME aux yeux de son père:
Dis-lui l'usage qu'il sçait faire
Du sang qu'il a reçu de lui.

FAIS voir cet invincible Alcide,
Cherchant d'une course rapide,
La gloire à travers les hasards:
Peins ces Villes, sanglans théâtres,
Que ses siéges opiniâtres
Ouvrirent à nos étendards.

Mais sur-tout décris le carnage
Que vit l'Adda sur son rivage,
Dès que ce vainqueur y parut;
Ces corps pleurés de tant de veuves,
Que l'onde porte au Dieu des fleuves,
Surpris de ce nouveau tribut.

Eugene au fort de la tempête
Crut même sentir sur sa tête
La pesante faulx du trépas:
Dans la fuite il chercha sa gloire,
Et compta pour une victoire
D'avoir sauvé quelques Soldats.

ÉPITRE

LES GRACES PRESIDENT AUX PLAISIRS

ÉPITRE
AUX GRACES.
Par M. L. C. D. B.

O VOUS, qui parez tous les âges,
Tous les talens, tous les esprits :
Vous, dont le temple est à Paris,
Et quelquefois dans les villages ;
Vous que les plaisirs & les ris
Suivent en secret chez les sages :
GRACES, c'est à vous que j'écris.
Fugitives ou solitaires,
La foule des esprits vulgaires
Vous cherche sans cesse & vous fuit.
Aussi simples que les Bergères,
Le goût vous fixe & vous conduit.
Indifférentes & légères,
Vous échappez à qui vous suit.

D

Venez dans mon humble réduit,
Vous n'y serez point étrangères.
Rien ne peut y blesser vos yeux :
Votre frère est le seul des Dieux
Dont vous verrez chez moi l'image.
Dans son carquois brille un seul trait,
Et dans sa main est le portrait
De celle qui fut votre ouvrage.
Venez donc, sœurs du tendre Amour,
Éclairer ma retraite obscure ;
Venez ensemble, ou tour à tour,
Et du pinceau de la nature
Achevez l'heureuse peinture
Que je vous consacre en ce jour.
Vos bienfaits, charmantes Déesses,
Sont prodigués dès le berceau,
Et jusques au bord du tombeau,
Vous nous conservez vos richesses.
Vous élevez sur vos genoux
Ces enfans si vifs & si doux,
Dont le front innocent déploie
La candeur qn'ils tiennent de vous,
Et tous les rayons de la joie.
Vous aimez à vivre avec eux ;
Vous vous jouez dans leurs cheveux,
Pour en parer la négligence.

Compagnes de l'aimable enfance,
Vous préfidez à tous ses jeux,
Et de cet âge trop heureux
Vous faites aimer l'ignorance.
L'amour, le plaifir, la beauté,
Ces trois enfans de la jeuneffe,
N'ont qu'un empire limité,
Si vous ne les fuivez fans ceffe.
L'Amour, à travers fon bandeau,
Voit tous les défauts qu'il nous cache ;
Rien à ses yeux n'eft toujours beau ;
Et quand de vos bras il s'arrache,
Pour chercher un objet nouveau,
Vos mains rallument fon flambeau,
Et ferrent le nœud qui l'attache.
Bien plus facile à dégoûter,
Moins délicat & plus volage,
Le plaifir se laiffe emporter
Sur l'aîle agile du bel âge ;
Il dévore fur fon paffage
Tous les inftans, fans les compter.
Vous feules lui faites goûter
Le befoin qu'il a d'être fage.
Par tout où brille votre image,
Le goût le force à s'arrêter,
Et la conftance eft votre ouvrage.

D ij

Sans vous, que feroit la beauté ?
C'eſt par les Graces qu'elle attire:
C'eſt vous qui la faites ſourire ;
Vous tempérez l'auſtérité
Et la rigueur de ſon empire.
Sans votre charme ſi vanté,
Qu'on ſent & qu'on ne peut décrire,
Sa froide régularité
Nuiroit à la vivacité
Des déſirs ardens qu'elle inſpire.
Le Dieu d'amour n'eſt qu'un enfant ;
Il craint la fierté de ces belles
Qui foulent d'un pied triomphant
Les fleurs qui naiſſent autour d'elles.
Par vous l'amant oſe eſpérer
De ſaiſir l'inſtant favorable.
C'eſt vous qui rendez adorable
L'objet qu'on craignoit d'adorer.
Qu'il eſt doux de trouver aimable,
Ce qu'on eſt contraint d'admirer !
Les belles qui ſuivent vos traces
Nous ramènent à leurs genoux.
Junon, après mille diſgraces,
Après mille tranſports jaloux,
Enchaîne ſon volage époux
Avec la ceinture des Graces.

L'air, la démarche, tous les traits;
L'esprit, le cœur, le caractère,
Ont emprunté de vos attraits
Le talent varié de plaire.
La Nymphe qui craint un regard,
Et qui pourtant en est émue;
La Naïade qui par hasard
Nous laisse entrevoir qu'elle est nue;
La Vendangeuse qui sourit
Au jeune Sylvain qu'elle enyvre,
Et lui fait sentir que, pour vivre,
L'enjouement vaut mieux que l'esprit;
De l'Amour victime rebelle,
La Boudeuse qui dans un coin
Semble fuir l'amant qu'elle appelle;
Qui, plus sensible que cruelle,
Gémit de sentir le besoin
De le laisser approcher d'elle.
La Rêveuse dont la langueur
La rend encore plus touchante;
Qui se plaint d'un mal qui l'enchante;
Dont le remède est dans son cœur.
La Coquette qui nous attire,
Quand nous croyons la dédaigner,
Et qui, pour sûrement régner,
Semble renoncer à l'empire.

D iij

L'Amante qui, dans son ardeur,
A de l'amour sans indécence,
Et qui sçait à chaque faveur
Faire revivre l'innocence.
La Beauté dont les yeux charmans
Donnent des désirs sans yvresse,
Qui, sans refroidir ses amans,
Leur fait adorer sa sagesse.
La finesse sans fausseté,
La sagesse sans pruderie,
L'enjouement sans étourderie ;
Enfin la douce volupté,
Et la touchante rêverie ;
Un geste, un soupir, un regard :
Ce qui plaît sans peine & sans art,
Sans excès, sans airs, sans grimaces,
Sans gêne, & comme par hasard,
Est l'ouvrage charmant des Graces.

CESSEZ donc de vous allarmer,
Vous à qui la nature avare
Accorda le bienfait d'aimer,
Et refusa le don plus rare,
Le don plus heureux de charmer.
De l'Amour touchante victime,
O vous qu'il blesse & fuit toujours,

Les Graces offrent leur secours
Aux cœurs malheureux qu'il opprime.
Allez encenfer les autels
De ces charmantes Immortelles :
A votre retour les mortels
Vous compteront parmi les belles ;
Et les Amours les plus cruels
Vous ferviront fouvent mieux qu'elles.
On s'accoutume à la laideur :
L'efprit nous la rend fupportable.
Les Graces fuivent tous les âges ;
Elles réparent leurs outrages ,
Et fement les fleurs du printems
Sur l'hyver paifible des Sages.
Ainfi le vieux Anacréon
Orna fa brillante vieilleffe
Des Graces que dans fa jeuneffe
Chantoit l'Amante de Phaon.
De leurs célèbres bagatelles ,
Le monde encore eft occupé.
La mort de l'ombre de fes aîles
N'a point encore enveloppé
Leurs chanfonnettes immortelles.
Le feul efprit & les talens
N'éternifent pas nos merveilles :
L'oubli , qui nous fuit à pas lents ,

D iv

Fait périr le fruit de nos veilles.
Rien ne dure que ce qui plaît,
L'utile doit être agréable;
Un auteur n'est jamais parfait,
Quand il néglige d'être aimable.

MARTYRS illustres de Clio,
Vous, dont la plume infatigable
Nous enrichit & nous accable,
Voyez de vos in-folio
Quel est le sort inévitable.
Dans l'abysme immense du temps
Tombent ces recueils importans
D'Historiens, de Politiques,
D'Interprètes & de Critiques,
Qui tous, au mépris du bon sens,
Avec les livres Germaniques,
Se perdent dans la nuit des ans.
La mort dévore avec furie
Les grands monumens d'ici-bas:
Mais le plaisir qui ne meurt pas,
Abandonne à sa barbarie
Les annales des potentats,
Et tout bon livre qui l'ennuie,
Pour sauver & rendre à la vie
L'heureux Chantre de Ménélas.

Et le tendre Amant de Lesbie.
La mort n'épargna dans Varron
Que le titre de sçavant homme :
Mais les graces de Cicéron
Tirèrent des cendres de Rome
Et ses ouvrages & son nom.
Je ne sçai par quelle aventure
Quelques ouvrages de pédant
Ont pû percer la nuit obscure,
Où tombe tout livre excédant :
Mais je sçai bien, en attendant,
Que c'est toujours contre nature
Qu'arrive un pareil accident.
Les Graces seules embellissent
Nos esprits ainsi que nos corps ;
Et nos talens sont des ressorts
Que leurs mains légères polissent.
Les Graces entourent de fleurs
Le sage compas d'Uranie,
Donnent le charme des couleurs
Au pinceau brillant du Génie,
Enseignent la route des cœurs
A la touchante mélodie,
Et prêtent des charmes aux pleurs
Que fait verser la Tragédie.
Malheur à tout esprit grossier,

A l'ame de bronze & d'acier
Qui les méprise & les ignore.
Le cœur qui les sent, les adore,
Et peut seul les apprécier.
Mais vous, filles de la Nature,
Qui fîtes l'amour des mortels,
Ne souffrez pas qu'on défigure
Vos ouvrages sur vos autels.
Paroissez aux yeux des impies
Qui, sans craindre votre courroux,
Nous offrent de froides copies,
Qu'ils nous font adorer pour vous.
Venez dissiper l'imposture,
Daignez reparoître au grand jour :
Nous apprendrons votre retour,
Et par le cri de la nature,
Et par les transports de l'Amour.

LES GRACES.

CONTE

ANACRÉONTIQUE,

Traduit de l'Allemand de M. GERSTENBERG.

VERS la fin d'un beau jour de Printems, les Graces folâtroient près d'un bois au bord des fontaines d'Acidalie, lorſque la plus belle des trois ſœurs, Aglaé, diſparut tout-à-coup. Quels furent les regrets & les gémiſſemens de ſes Compagnes, quand elles n'apperçurent plus Aglaé ? Les accens d'Orphée, lorſqu'il demandoit ſa chère Euridice au Dieu des Enfers, étoient cent fois moins touchans. » Aglaé ! s'écrioient-elles. . . . . . . Aglaé, répondoit triſtement l'Echo. » Hélas ! » Pan la guettoit depuis long-temps ; le

» perfide la tient en son pouvoir. Nous ne
» reverrons plus Aglaé ! Que deviendrons-
» nous sans elle ! Mais aussi sans nous que
» deviendra-t-elle elle - même ? « Cependant Aglaé ne paroissoit pas. Désolées ,
elles visitent tous les buissons ; elles en
battent les feuillages , & à chaque coup
reculent d'effroi : car autant elles désire-
roient de retrouver leur Compagne , autant elles craignent d'appercevoir son Ra-
visseur.

Elles arrivent enfin près d'un bosquet
de roses, où l'Amour m'avoit conduit avec
ma chère Chloé. Nos bras étoient entre-
lacés ; je donnois & je recevois des baisers
sans nombre. Les Graces nous surprirent
au milieu de nos caresses. » Ah ! c'est
» Aglaé, s'écrièrent-elles. Méchante ! peux-
» tu te dissimuler la douleur que nous a
» causé ton absence ? Et c'est ainsi que tu
» la partages ! « A ces mots, elles l'em-
brassent, lui prennent les mains, & s'en-
fuient plus rapidement que le Zéphyr.

» Arrêtez , m'écriai-je , arrêtez Déesses !
» ce n'est point Aglaé , c'est Chloé : oui ,
» c'est elle , c'est ma Chloé que vous enle-
» vez à son Amant. « Mais je n'étois point
entendu : les Graces fuyoient avec encore
plus de vîtesse & de légèreté. Désespéré ,
je veux courir après les Déesses : j'entends
une voix qui m'appelle. Je tourne la tête :
c'étoit Aglaé. » Pourquoi courir après
» Chloé , me dit-elle ? Viens , heureux
» Mortel , viens l'oublier dans mes bras :
» l'immortelle Aglaé est ta conquête. « A
ces mots , considérant Aglaé , je crus voir
en effet ma Maîtresse , comme les Graces
avoient pris ma Maîtresse pour Aglaé :
mais si mes yeux purent s'y méprendre ,
mon cœur ne s'y méprit pas. » Non , m'é-
» criai-je , je ne serai point infidele à
» Chloé. « Et portant une main hardie sur
celle d'Aglaé , je l'emmene , & je la con-
duis à ses sœurs qui ne reconnurent leur
méprise , qu'à la constance de mes transports pour Chloé.

CHANSON.

Les Graces voyageoient un jour ;
Le tendre Amour ſuivoit leurs traces.
Vous ſervîtes d'aſyle aux Graces ,
Mon cœur en ſervit à l'Amour.

EXTRAIT
DU BALLET
DES GRACES,
De M. ROY.

AVERTISSEMENT.

LES Graces relevent la Beauté ; souvent elles y suppléent , presque toujours elles en triomphent. C'est cette idée du galant Ovide, idée si flatteuse pour le sexe, que l'on a tâché de rendre sur la Scène. Les agrémens sont plus aisés à sentir qu'à définir : inséparables de la personne qui les posséde, ils sont l'ame de toutes ses actions. Ils ne se bornent point aux talens.

On n'a pas toujours occasion de les exer-
cer sçavamment, sans y joindre les Graces.
Elles sont de toutes les heures ; il faut
donc les attacher aux caractères. On a
choisi ceux qui présentoient le plus de diversité, tels que l'*Ingénuité*, la *Mélancolie*,
l'*Enjouement*.

L'art de plaire est l'art suprême :
Il tient la clef des cœurs, il les ouvre à son gré.
Un bel objet n'est qu'admiré,
Mais ce sont les Graces qu'on aime.

PROLOGUE.

PROLOGUE
DU BALLET DES GRACES.
ACTEURS.

LA PRÊTRESSE du Temple consacré à HÉLENE, sous le nom de *Vénus l'Etrangère*.

CHŒUR DE PRÊTRESSES.

DEUX ÉGYPTIENNES.

L'AMOUR.

CHŒUR DES AMANS.

SCENE PREMIERE.

LA PRÊTRESSE, CHŒUR DE PRÊTRESSES.

CHŒUR.

CHANTONS de la Beauté, chantons l'aimable
empire :
On voit voler les cœurs au-devant de ses loix :
Reine de l'Univers, elle enchaîne les Rois ;
Sa puissance s'étend sur tout ce qui respire.

E

LA PRÊTRESSE.

Regnez, divine Hélène, honneur de ces climats ;
Sous le nom de Vénus le Nil vous rend hommage.
Dans ce Temple marqué des traces de vos pas,
Vous enchaînez le temps aux pieds de votre image ;
Vous suspendez son funeste ravage,
Et les Belles par vous renouvellent d'appas.

CHŒUR.

Chantons, &c.

LA PRÊTRESSE.

La Beauté s'ouvre les Cieux,
Elle y place des Mortelles :
Elle en fait descendre les Dieux,
Contens de languir auprès d'elles.

Un Vainqueur audacieux,
A ses Guerriers doit sa gloire :
Il n'appartient qu'à de beaux yeux
De jouir seuls de leur victoire.

SCENE II.

DEUX ÉGYPTIENNES, LA PRÊTRESSE, CHŒUR.

LES DEUX ÉGYPTIENNES.

Écoutez nos soupirs, voyez couler nos
    larmes.
Hélène avoit sur nous répandu ses faveurs :
    Malgré ses dons, au mépris de nos charmes,
    Nous n'éprouvons que d'insensibles cœurs,
Et c'est en d'autres mains que l'Amour met ses
    armes.

LA PRÊTRESSE.

    Puissante Déesse, achevez :
Votre gloire le veut, & ma voix vous implore.
    A vos bienfaits que manque-t-il encore,
Et quels autres trésors avez vous reservez ?

    Quel prodige ! quelle lumière
      Se répand dans ces lieux !
    Quels sons touchants !.. tout l'Olympe s'é-
      claire…
Quel présage charmant ! l'Amour descend des
    Cieux.

E ij

SCENE III.

L'AMOUR, LA PRÊTRESSE;
LES DEUX ÉGYPTIENNES,
CHŒUR.

L'AMOUR.

FOIBLES Mortels, un succès malheureux
Devient souvent le prix d'un souhait téméraire :
Laissez aux Dieux le soin de satisfaire
Vos besoins, plutôt que vos vœux.

Ce n'est pas la Beauté qu'Hélène eut en partage,
Qui soumit à ses loix tant d'illustres Vainqueurs :
Les Graces la guidoient, sa gloire est leur ou-
vrage.
La Beauté n'a souvent que le sort des couleurs :
Elle attache les yeux, sans attendrir les cœurs.
Aux Graces désormais adressez votre hommage.

LA PRÊTRESSE *aux Graces.*

Du tendre Amour fidelles sœurs,
Vous échappez souvent aux yeux vulgaires.
Heureux qui peut sentir vos secrettes douceurs !
Vos traces promptes & légères,
Sans nous en avertir, s'impriment dans les cœurs.

L'AMOUR *au Chœur.*

Ne croyez pas
Voir l'Amour fur vos traces ;
Si les Graces
N'ont conduit fes pas.
De la Beauté la gloire eft paffagère ;
Et les Talens
Ont, pour charmer les fens ;
Peu d'inftans :
Mais l'Art de plaire
Eft de tous les temps.

Pour fixer vos Amans,
L'Art de plaire
Eft de tous les temps.

L'AMOUR.

Mortels, raffemblez-vous des plus heureux climats;
Rien ne manque plus à ma gloire.
La Beauté quelquefois éprouve des ingrats,
Mais les Graces toujours remportent la victoire.

Tout répond à ma voix, & pour chercher des fers,
On vient du bout de l'Univers.

CHŒUR DES AMANS.

Régnez, Divinités charmantes,
Que votre empire heureux s'augmente chaque jour:

E iij

Vous refferrez les chaînes de l'Amour;
Vous rendez nos flammes conftantes.

. . . .

. . . .

L'AMOUR.

Les Graces vont lancer des traits toujours vain-
queurs.
Sur l'enjouement, l'innocence & les pleurs
Je fonde l'empire des Belles.
Les ris, l'Amour timide, & les tendres langueurs,
Par mille reffources nouvelles,
Vont éveiller, féduire, & toucher tous les cœurs.

---

*L*ES *Caractères qui forment les trois Entrées
du* B*ALLET DES* G*RACES*, *font
attachés à des fujets hiftoriques qui feroient
déplacés dans ce Recueil : il fuffira donc de
les indiquer.*

PREMIER ACTE.
L'Ingénue.

De modestes regards, l'air de naïveté,
En ne demandant rien, obtiennent notre hom-
mage :
Des piéges différens dont l'Amour fait usage,
C'est le plus sûr & le moins redouté.

SECOND ACTE.
La Mélancolique.

Il est flatteur pour un Amant,
De causer ou sécher les pleurs d'une Maîtresse :
C'est chez elle que la tristesse
Est de l'amour le voile ou l'aliment.

TROISIÉME ACTE.
L'Enjouée.

L'enjouement rend toujours la beauté plus pi-
quante,
Il donne l'essor aux attraits :
Et lorsque l'Amour rit dans les yeux de l'Amante,
Il n'a plus besoin d'autres traits.

E iv

LES GRACES

VENGÉES,

Drame composé pour le petit Théâtre de la Cour de Vienne, par l'Abbé *Métastasio*, du temps de l'Empereur *Charles VI*. Ces sortes de divertissemens étoient ordinairement exécutés, soit à Vienne, soit à la Favorite, par la Famille Impériale. L'Empereur, qui aimoit & cultivoit les talens, y tenoit quelquefois le Clavessin ; il y a même quelques-uns de ces divertissemens, dont ce Prince a composé la Musique.

INTERLOCUTEURS.

EUPHROSINE.

AGLAÉ.

THALIE.

La Scène est dans une Campagne de la Béotie.

LES GRACES VENGÉES

LES GRACES
VENGÉES.

Le Théâtre repréſente un Bois de Lauriers arroſé par la fontaine Acidalie.

EUPHROSINE.

Mes Sœurs, n'eſpérez pas m'appaiſer; mon courroux eſt trop juſte, vous devez bien plûtôt le ſeconder. Que Vénus cherche d'autres compagnes; abandonnée des Graces, elle ſera peut-être moins vaine. Le jour approche; qu'elle ſorte, ſi bon lui ſemble, de la demeure céleſte; mais qu'elle aille ſeule prévenir l'Aurore. On verra ſi, ſans nous, ſon étoile brillera de tant d'éclat.

AGLAÉ.

Ne dérangeons pas l'ordre des Sphères.

THALIE.

Nous retardons le jour.

AGLAÉ.

Les Chevaux du Soleil s'impatientent d'un trop long repos.

THALIE.

Déja l'Aurore est éveillée, Vénus attend.

AGLAÉ.

Allons lui préparer ses Colombes amoureuses; sa conque marine, ses guides de roses.

EUPHROSINE.

Arrêtez, mes sœurs, écoutez-moi; servirons-nous sans cesse les fantaisies de Vénus? Serons-nous toujours exposées aux insultes de son fils? Ah! vengeons-nous de tant d'outrages. Montrons nous filles de Jupiter.

AGLAÉ.

Mais quelle nouvelle offense t'irrite ?

EUPHROSINE.

Vous allez juger si je me plains à tort. L'orage imprévû qui troubla hier les Cieux dans l'Isle de Chypre, surprit l'Amour je ne sçai où : il marcha une heure entière, égaré, exposé au vent & à une pluie froide. Enfin, il gagna le Palais de Vénus, où j'étois avec la Déesse. Quand il arriva, il étoit si défait, si changé, que sa mère même ne le reconnut pas. L'eau dégouttoit de son carquois, de ses fléches, de son arc, de ses habits, de ſes cheveux, de ſon bandeau, de ſes aîles: il pleuroit, il friſſonnoit; de fréquens ſanglots l'empêchoient de parler. Qui n'eût eu pitié du perfide! L'amitié me fait courir vers lui. Je le prends par la main ; pour rappeller la chaleur qu'il a perdue, je raſſemble des branches d'arbres enlevées aux forêts d'Arabie, & je les allume. L'odeur qu'elles répandent parfume l'air. J'eſſuie ſon front; je preſſe l'eau dont ſes vêtemens & ſes cheveux ſont remplis; je ſerre, je réchauffe ſes mains dans les miennes; je le careſſe, je le conſole. Quel eſt le prix de mes ſoins? A peine ſent-il revenir ſes forces, qu'il demande ſes armes: il veut voir, dit-il, ſi elles ſont en état. Le perfide! l'ingrat! il me tire une de ſes fléches. J'ai paré le coup; il n'a pas été juſques à mon cœur, mais il m'a bleſſé la main *.

AGLAÉ.

Et qu'a fait Vénus?

THALIE.

L'a-t-elle puni?

EUPHROSINE.

Vénus le punir! Redoutant ma colère, elle l'a pris dans ſes bras, pour le ſauver de ma vengeance, l'a baiſé, l'a applaudi, & m'a regardé avec un ris moqueur.

* Voilà l'*Amour mouillé* d'Anacréon.

AGLAÉ.

Je vous avoue, ma sœur, que ce mépris est in-supportable.

THALIE.

Cependant il ne convient pas de s'abandon-ner à la colère; il faut souffrir & se taire.

EUPHROSINE.

Nous taire & souffrir! Non, je veux réprimer tant d'orgueil, tes conseils sont inutiles. Si le cruel est à craindre, quand il pleure, quand il gémit, que sera-ce lorsqu'il menacera?

THALIE.

Crois-tu avoir seule à te plaindre?

AGLAÉ.

L'Amour nous épargne-il plus que toi?

EUPHROSINE.

Ah! vos injures sont légères au prix des mien-nes.

AGLAÉ.

Un jour, fuyant l'ardeur du soleil, je cherchai l'ombre de ce bois solitaire. Après m'être rafraî-chie à la fontaine, je me couchai sur le gazon. Le silence, l'ombrage, le doux bruit que formoit l'a-gitation des arbres, le murmure du ruisseau voisin, un zéphir flatteur qui se jouoit sur mon visage, me livrèrent à un sommeil délicieux. L'Amour étoit caché près de moi. Il m'obferve, & foudain il court former un lien de rofes entrelacées ; il s'approche fans bruit, m'en enveloppe, me le paffe plufieurs fois autour du corps, & m'attache au tronc d'un laurier. Il fait le coup avec tant d'adreffe, qu'il a le temps de retourner fe cacher, fans que je m'apperçoive de rien. Je m'éveille, je veux porter la main à mes yeux. Je ne puis. Encore à moitié endormie, tremblante, je veux me lever. Je me fens arrêtée. Ma crainte redouble : plus je cherche à me dégager de mes liens, plus je les ferre, plus je m'embaraffe. L'Amour rit ; je l'entends, je me retourne, je vois l'auteur de ce bel exploit. Quel eft mon dépit! Je l'appelle téméraire, perfide. Il rit, fans me répondre. J'emploie la prière : je le fupplie de me détacher : je lui donne les noms les plus doux ; tout m'eft inutile. Enfin, fi le hafard n'eût amené Hébé pour me me mettre en liberté, je ferois encore captive.

EUPHROSINE.

Es-tu infenfible à une fi cruelle injure ?

AGLAÉ.

Que veux-tu ? ma colère ne dure pas. Quelquefois, animée de courroux, je veux punir l'audacieux ; mais fongeant que c'eft un enfant, je l'excufe, je lui pardonne, j'en ai même pitié.

THALIE.

Ce que l'Amour vous a fait, n'est rien au prix de ce que je vais vous raconter. A chaque inftant il me joue quelque tour nouveau. Par le trait que vous allez entendre, vous pourrez juger des autres. Dans l'endroit où la mer vient baigner Amathonte, à l'ombre d'un rocher qui courbe fa cîme fur l'onde, un jour je m'amufois à pêcher: l'Amour étoit avec moi: il fembloit ne fonger qu'à jouer fur l'herbe; je ne me défiois pas de lui. Le trompeur voyant ma fécurité, en abufa bientôt. Il cache quelques traits fous un dictame fleuri. Plus loin, entre les herbes & les fleurs, il tend un filet très-fin. Je l'entends crier: *Ah! je fuis bleffé.* Je le vois porter fes mains à fon vifage. Je jette ma ligne, je vole, je lui demande ce qui lui eft arrivé. » Une abeille, dit-il, une abeille ma fait » une cruelle piquûre; de grace, donnez-moi du » fecours. « Il pleuroit: crédule, je me fens attendrie. Pour trouver de quoi le guérir, je marche vers le dictame voifin. Tandis que j'en choifis les plus jeunes feuilles, je rencontre les traits perfides; je me bleffe. Le traître paffant en un inftant des larmes au ris: » Je ne voulois pas autre chofe, s'écrie-t-il; » je fuis guéri, regarde. « En même temps, il me montre fes joues qui n'avoient souf-

fert

fert aucun mal. Qui pourroit exprimer ma colère?
Je cours à lui, pour me venger. Il fuit, il me fait
faire cent & cent pas d'un côté & d'autre, & il a
la malice de me conduire au filet caché. Je tombe
& je me fens prife par le pied. Ce fecond outrage
redouble mon courroux. Je fais tant, que je romps
les nœuds qui me retiennent. Je l'aurois fûrement
atteint; mais le temps que j'avois employé à me
débarraffer lui avoit donné celui de s'enfuir, en
riant de m'avoir attrapée.

E U P H R O S I N E.

Et tu prétends que nous devons fouffrir & nous
taire! Ce font là tes confeils!

T H A L I E.

Je hais l'Amour autant que tu le déteftes; fon
nom m'eft en horreur. Je voudrois me venger, & le
punir; mais comment? Ses infultes font cruelles,
j'en conviens. Il eft fans foi; il ne connoît ni
égards ni pitié: mais ne traite-t il pas tout le monde
de la même façon? Chacun s'en plaint, chacun
le redoute. Puifqu'il n'épargne pas plus les autres
que moi, dois-je être honteufe de ce qui m'arrive?

E U P H R O S I N E.

Ma fœur, ce n'eft pas l'Amour qui eft le véritable objet de ma haine: un tel ennemi eft à dé-

daigner. Mais les extravagances du fils font la faute de la mère : c'eft notre perfécutrice déclarée ; ces légères injures m'en rappellent de plus grandes.

A G L A É.

Qu'elles font ces injures ?

E U P H R O S I N E.

Peux-tu le demander ? De quels foins le deftin nous a-t-il chargées ? Quel eft notre véritable emploi ?

A G L A É.

C'eft de rendre les mortels bienfaifans & reconnoiffans, d'établir entr'eux l'union. . . .

T H A L I E.

D'éteindre les flambeaux de la colère & de la haine. . . .

A G L A É.

De former l'amitié, d'entretenir la paix.

E U P H R O S I N E.

Et Vénus, qui ne fonge à étendre fon empire que par l'Amour, nous occupe à toute autre chofe. Elle exige que nous fervions fon fils ; il faut nous accommoder à toutes fes folies. Notre foin eft tantôt d'embellir fa bouche d'un fourire, tantôt de régler le mouvement de fes yeux. Cependant l'infidélité, la violence renverfent la juftice & les loix. Le feu d'une division funeste se répand sur la terre.

AGLAÉ.

Cela n'est que trop vrai.

THALIE.

Mais comment pourrions-nous nous venger ?

EUPHROSINE.

J'en sçais un moyen digne de nous. Sans les Graces, Vénus n'est rien. Eh bien, si nous voulons la punir, formons une Beauté qui efface la sienne.

AGLAÉ.

Oui, ma sœur.

THALIE.

J'y consens.

EUPHROSINE.

Donnons-lui tout ce qui manque à Vénus ; unissons la beauté & la majesté ; que les appas ornent la modestie ; qu'elle rassemble toutes les vertus, & que son visage annonce la bonté de son cœur royal.

AGLAÉ.

Mais en qui tant de dons pourront-ils se réunir ?

EUPHROSINE.

En celle dont on parle tant dans les Cieux, en

F ij

celle enfin dont la naiſſance doit illuſtrer ce ſiécle.

THALIE.

Et quand doit-elle naître ?

EUPHROSINE.

En ce jour.

AGLAÉ.

Et ſon nom ?

EUPHROSINE.

Eliſe.

AGLAÉ.

Oh ! ne tardons pas.

THALIE.

Allons.

EUPHROSINE.

Allons accomplir ce grand ouvrage.

THALIE.

Quelle ſera la confuſion de Vénus ?

AGLAÉ.

Enfin , les mortels agités reſpireront.

EUPHROSINE.

Près d'Eliſe , les Graces auront bien-tôt recou-
vré la décence qu'on leur vit dans l'Age d'or.

CHŒUR.

Sortez du Gange, ſortez, heureuſe Aurore, Que
de biens ce jour promet à l'Univers !

FIN.

LES GRACES,

COMÉDIE
EN UN ACTE,

Par M. DE SAINTFOI.

INTERLOCUTEURS.

L'AMOUR.

MERCURE.

EUPHROSINE.

CYANE.

AGLAE.

VÉNUS.

JEUX ET RIS.

La Scène est dans un Bois consacré à Diane.

L'AMOUR ENCHAINÉ PAR LES GRACES

LES GRACES,

COMÉDIE EN UN ACTE.

SCENE PREMIERE.

MERCURE, L'AMOUR.

MERCURE.

L'Amour?

L'AMOUR.

Mercure?

MERCURE.

J'ai à te parler, te dis-je.

L'AMOUR.

Qui t'en empêche?

MERCURE.

Mais, si tu ne veux pas écouter ce que j'ai à te dire, il est inutile que je parle.

F iv

L'AMOUR.

Mais, fi je ne veux rien faire de tout ce que tu me diras, il eft inutile que j'écoute.

MERCURE.

Que tu es extraordinaire !

L'AMOUR.

Que tu es importun !

MERCURE.

Jupiter t'a banni du Ciel....

L'AMOUR.

Heureufement.

MERCURE.

Il t'a privé des honneurs & des avantages de la Divinité....

L'AMOUR.

Je m'en paffe.

MERCURE.

Te voilà réduit à la condition humaine....

L'AMOUR.

Elle a fes agrémens.

MERCURE.

Obligé de vivre avec les hommes....

L'AMOUR.

Je ne vis qu'avec les femmes.

MERCURE.

Quoi, veux-tu toujours....

L'AMOUR.

Tu vois bien cet enclos; j'espère y commencer aujourd'hui une retraite d'un ou de deux mois,
avec vingt filles fort jolies, qui y sont renfermées.
Crois-tu que je m'y ennuie?

MERCURE.

Non; mais crois-tu que Diane, à qui ces jeunes
personnes sont consacrées, trouvera bon....

L'AMOUR.

Que m'importe?

MERCURE.

Songes donc....

L'AMOUR.

Oh! songes toi-même que les remontrances
m'ont toujours déplû.

MERCURE.

Si je n'étois pas de tes amis....

L'AMOUR.

Pour être de mes amis, il faut s'intéresser à mes
plaisirs, & point à mes affaires. Je veux te conter
mon aventure.

MERCURE.

Quel libertin!

L'AMOUR.

Hier, je dormois à l'ombre de cet arbre, lorsqu'éveillé par quelque bruit, j'apperçus trois jeu-

nes filles qui , regardant de temps en temps de mon côté , fous prétexte de cueillir des fleurs , s'approchoient peu à peu. Ne remuons pas , ne les effarouchons point , dis-je en moi-même , laiffons-les venir ; & en effet , feignant toujours de dormir , n'ouvrant qu'à moitié les yeux , je les vis bientôt, ne marchant plus qu'à pas timides & fufpendus , retenant , pour ainfi dire , leur haleine , tourner autour de moi & me confidérer avec beaucoup de curiofité. La curiofité , à mefure qu'on s'y livre , augmente ordinairement , & fur-tout dans les jeunes filles. De moment en moment , elles deviennent plus hardies : déja l'une commençoit à badiner avec les boucles de mes cheveux ; l'autre me couvroit de fleurs ; la troifiéme , mettant la main fur mon cœur , fembloit prendre plaifir à le fentir palpiter....

M E R C U R E.

Tout ce petit jeu te divertiffoit ?

L'A M O U R.

Beaucoup ; lorfqu'un mouvement & un foupir , dont je ne fus pas le maître , les firent fuir , ou plutôt s'envoler dans cet enclos. En vain je courus après elles....

M E R C U R E.

Tu ne pûs pas en attrapper au moins une ?

L'AMOUR.

Non, & j'eus beau parler, preffer, prier, elles ne voulurent jamais ouvrir cette maudite porte qu'elles avoient refermée.

MERCURE.

Si tu n'avois pas été privé des avantages de la Divinité, cette maudite porte ne t'auroit point arrêté, & jufques dans leur appartement, tu aurois pû....

L'AMOUR.

Eh fi, fi donc! La facilité à devenir heureux, empêche fouvent de bien goûter le plaifir de l'être. D'ailleurs, le triomphe d'un Dieu n'eft-il pas toujours empoifonné par l'idée que ce n'eft peut-être qu'à la vanité, à l'ambition, à fon rang, qu'une maîtreffe facrifie; au lieu qu'un fimple mortel, & en amour je veux toujours le paroître, goûte le plaifir délicat & fenfible d'être fûr qu'il eft le véritable objet du cœur, & qu'en lui, ce n'eft que lui-même que l'on cherche. Voilà le nectar, voilà l'ambroifie que l'amour-propre compofe pour les hommes, & que jamais il ne peut fervir aux Dieux.

MERCURE.

Je fuis charmé de te voir penfer ainfi. Comment donc? cela va jufqu'à raifonner! Mais, dis-moi, crois-tu qu'il n'y ait pas un plaiſir encore plus flatteur que celui d'être aimé pour ſoi-même?

L'AMOUR.

Et quel?

MERCURE.

Le plaiſir, lorſqu'on peut tout, de faire tout pour la perſonne aimée; de la combler de gloire, d'honneurs, & de lui créer, pour ainſi dire, un nouvel être, en la rendant immortelle. Or, il ne dépend que de toi de goûter ce plaiſir là. Jupiter m'envoie te dire, que, parmi ces jeunes Beautés qui te rendent le ſéjour de la terre ſi agréable, tu n'as qu'à choiſir & lui nommer celle qui te plaira le plus, il eſt prêt à la recevoir dans le Ciel.

L'AMOUR.

Je lui ſuis fort obligé; & non-ſeulement une, je lui nommerai dix mortelles très-jolies, vives, gaies, amuſantes qui tiendront fort bien leur coin dans l'Olympe, & renouvelleront un peu cette vieille Cour, qui, ſoit dit entre nous, devient chaque jour d'une triſteſſe.... Nos Déeſſes ſont d'un ennui....

MERCURE.

Mais tu dois penſer que ce ne ſont pas tes maîtreſſes que Jupiter veut placer dans le Ciel. Hier, dans l'Olympe aſſemblé, après une mûre délibération, on opina unanimement que le ſeul moyen d'aſſujettir cette humeur vive & libertine qui te fait faire tous les jours tant d'étourderies, c'étoit de te marier.

L'AMOUR.

Me marier!

MERCURE.

Comme tu te recries!

L'AMOUR.

Quoi, c'eſt pour me faire une auſſi ſotte, une auſſi plate, une auſſi ridicule propoſition, que Jupiter t'envoie ſur la terre?

MERCURE.

Quoi, c'eſt dans des termes auſſi doux, auſſi polis, auſſi honnêtes, que tu réponds aux ordres de Jupiter? Je te déclare cependant qu'il veut être obéi.

L'AMOUR.

Je t'aſſure qu'il ne le ſera pas.

MERCURE.

Tu l'irriteras à un point qu'il prendra un parti fâcheux contre toi.

L'AMOUR.

Eh, quel parti plus fâcheux que celui de me marier?

MERCURE.

Crois-moi....

L'AMOUR.

Oh, crois-moi toi-même : c'est bien assez que tu te sois chargé d'une proposition aussi impertinente, sans vouloir encore m'ennuyer de tes fades conseils.

MERCURE.

Cela suffit, je me tais. Que m'importe après tout ? ce sont tes affaires. Je vais rendre compte à Jupiter de ma commission. Adieu l'Amour.

L'AMOUR.

Adieu.

MERCURE *à part, en s'en allant.*

Déguisons-nous, pour épier toutes ses démarches, & tâcher de le troubler dans ses plaisirs.

SCENE II.

L'AMOUR *seul.*

ME marier ! ah ! chaſſons cette extravagante
idée, & ne nous occupons que des heureux momens que je vais paſſer, ſi je puis m'introduire
dans cet enclos. On m'a aſſuré qu'elles étoient
vingt, la plûpart jolies. Quel plaiſir n'aurai-je pas
au milieu de cet innocent troupeau, fêté, chéri,
l'objet de tous ſes ſoins, de toutes ſes penſées, de
tous ſes déſirs! Car il ne s'agit que de la première ; ſi je puis en avoir une, je les aurai toutes.
Mais quand même je ne me ferois aimer que des
trois que j'ai vûes hier, elles ſont charmantes...
J'entends du bruit derrière cette porte ; ce ſont
elles ſans doute. Les réflexions de la nuit me les
ramènent ; elles ne ſortent que pour me chercher.... Cependant, uſons de précaution. Cela
eſt encore ſi jeune, ſi timide, ſi farouche, que ce
n'eſt qu'en les forçant, pour ainſi dire, à vouloir
ce qu'elles déſirent, qu'on peut eſpérer d'en tirer
parti. Je ne ſçais quelle honte les empêcheroit
d'avancer, ſi je paroiſſois d'abord ; cachons-nous
donc, & ne nous montrons qu'en les mettant
dans l'impoſſibilité de m'échapper.

SCENE III.

EUPHROSINE, AGLAÉ, CYANE.

*(Elles ouvrent la porte , y reſtent un moment , &
enſuite avancent , en regardant de tous côtés.)*

EUPHROSINE.

J'AI beau regarder, je ne le vois point.

CYANE.

Ni moi non plus.

EUPHROSINE.

Cela m'étonne.

AGLAÉ, *avec vivacité.*

Cela ne m'étonne point. Ne lui dîmes-nous pas
hier que nous ne voulions point l'écouter?

EUPHROSINE.

Il eſt vrai , mais. . . .

*(Cyane retourne au fond du Théâtre où elle reſte à
regarder de côté & d'autre.)*

AGLAÉ.

Mais, voilà comme nous ſommes toutes, nous
autres jeunes filles ; nous ne ſçavons jamais ce que
nous voulons. Si nous l'avions rencontré ici ,
nous aurions peut-être encore fui, comme hier.

EUPHROSINE.

EUPHROSINE.

Je ne dis pas que non.

AGLAÉ.

Pourquoi sommes-nous donc fâchées de ne le pas trouver?

EUPHROSINE.

Tien : je voudrois le fuir, mais je voudrois qu'il me cherchât.

AGLAÉ.

Tien, je pense à-peu-près de même; mais je sens en même temps que cela se contredit. Il faut prendre un parti.

EUPHROSINE.

Eh, quel parti? l'on nous dit tous les jours que les hommes sont si méchans....

AGLAÉ.

Tu y perdrois trop, & moi aussi; car tu sens bien qu'entre trois bonnes amies, comme nous le sommes, à-peu-près de même âge, & qu'on a renfermées presqu'en naissant dans cet enclos, ce n'est qu'en nous communiquant nos petites ré-flexions, que nous pouvons nous mettre au fait sur bien de petites curiosités qui nous passent dans la tête. Peut-être que nous ne devinons pas tou-jours juste, & que nous nous faisons bien des chi-mères; mais du moins ces chimères là plaisent, récréent ; on rit, on s'amuse, le temps coule....

CYANE *accourant du fond du Théâtre.*

Euphrosine, je viens de l'appercevoir qui se glisse doucement entre les arbres.

AGLAÉ.

Vient-il de notre côté ?

CYANE.

Oui.

EUPHROSINE.

Est-il bien loin ?

CYANE.

Non.

EUPHROSINE.

Rentrons, croyez-moi, rentrons.

CYANE.

Comment rentrer ? Il n'est qu'à deux pas, te dis-je, & justement sur le passage, entre la porte & nous. D'ailleurs, puisque je suis sortie, je suis bien aise de me promener.

AGLAÉ.

Oh, & moi aussi ; il fait si beau !

EUPHROSINE.

Mais....

CYANE.

Mais.... Tien, le voilà.

SCENE IV.

L'AMOUR, EUPHROSINE, AGLAÉ.

L'AMOUR.

DE grace, belles Nymphes, ne me fuyez point ; permettez que je vous parle un inftant.

EUPHROSINE.

Laiffez-nous, laiffez-nous ; nous fommes à Diane.

L'AMOUR.

Au nom de cette Déeffe, au nom de tous lès Dieux, daignez m'écouter.

EUPHROSINE.

Que pouvez-vous avoir à nous dire ?

L'AMOUR.

Quand vous fçaurez ma trifte fituation, vous vous reprocherez de ne m'avoir pas fecouru dès hier.

EUPHROSINE.

Quelle fituation ? Quel fecours ? Qui êtes-vous donc ?

L'AMOUR.

Un jeune homme malheureux, éloigné de fa

patrie; je me fuis échappé de chez les Prêtres de Jupiter.

EUPHROSINE, d'un ton févère.

Et pourquoi vous êtes-vous échappé de chez les Prêtres de Jupiter ?

L'AMOUR.

Les cruels! Ah, plus je vous regarde, plus mon cœur fe révolte contre eux! Quand je leur demandois quelquefois ce que c'étoit qu'une femme, avec quelles couleurs ils me les peignoient toutes! Mais, belles Nymphes, à la manière dont vous fuyez, je foupçonnerois qu'on vous a auffi élevées dans une prévention cruelle contre les hommes. Quelle inhumanité de vouloir femer l'antipathie entre deux fexes qui ne font formés que pour faire la félicité l'un de l'autre!

EUPHROSINE.

Nous ne voulons point connoître cette félicité là; nous faifons confifter notre bonheur à vivre tranquillement dans notre retraite.

L'AMOUR.

Ah! fi vous aviez vû ce que j'ai vû!... Il y a deux jours qu'ayant trouvé par hafard une petite porte du jardin ouverte, je fortis pour la première fois de ma vie de notre enclos; je me promenois fans deffein, lorfque j'entendis parler derrière un

buiſſon. Je m'approchai : que devins-je ! Quels
termes, quelles expreſſions frappèrent mon oreille, ou plûtôt mon cœur ! Je crus d'abord, à leur
langage, que c'étoient deux Divinités. Hélas ! ce
n'étoit qu'un Berger & une Bergère, mais plus
heureux mille fois dans cet inſtant que les Dieux
mêmes. Leurs ſoupirs, leurs tranſports, chaque
mot qu'ils prononçoient, tout portoit dans mes
ſens un trouble que je n'avois jamais reſſenti. Jamais je n'avois vû de femmes ; mon ame treſſail-
loit ; elle étoit toute entière dans mes regards, &
s'enflammant au feu que reſpiroient ces tendres
Amans, jouiſſant preſqu'autant qu'eux-mêmes de
leurs propres plaiſirs, elle en dévoroit, pour ainſi
dire, les inſtans. Mais bientôt une voix cruelle,
qui m'appelloit pour rentrer dans ma priſon, vint
m'enlever à mon raviſſement. Belles Nymphes,
mon cœur venoit d'être éclairé ; pouvois-je regarder, ſans fremir, ces murs où l'on m'avoit ſi
long-temps arraché à la vie. Non : je jurai de n'y
jamais rentrer, & m'en éloignant avec précipitation, je marchai le reſte du jour & une partie de la
nuit, juſqu'à ce qu'enfin, accablé de fatigue, je
me couchai au pied de cet arbre où vous me trou-
vâtes hier endormi. Voilà mon aventure : n'aurez-
vous point pitié de moi ?

G iij

EUPHROSINE.

Mais , quelle pitié ? Que nous demandez-vous ?

L'AMOUR.

Depuis trois jours , je ne vis que de fruits sauvages ; voilà deux nuits que je passe, couché au pied d'un arbre : les nuits sont si froides ! J'ai beaucoup souffert !

EUPHROSINE.

Je le crois bien ; mais autour de cette forêt , il y a plusieurs maisons de Bergers , où l'on ne refusera pas de vous recevoir.

L'AMOUR.

O Ciel ! Il faudroit leur conter mon aventure : ils se feroient peut-être un devoir de me remener chez les Prêtres de Jupiter. Croyez-vous , & surtout à présent que je vous ai vûes, que je n'aimasse pas mieux mourir mille fois que d'y retourner ?

EUPHROSINE.

Comment voulez-vous donc faire ?

L'AMOUR.

Hélas ! si l'une de vous , égarée comme je le suis , se fût trouvée à la portée de l'enclos où j'ai été si long-temps renfermé, avec quel empressement, quel plaisir, en la cachant à tous les yeux, je lui aurois donné un asyle ! Quel soin j'en aurois pris ! Refuferez-vous de faire pour moi ce que j'aurois fait pour vous ?

E U P H R O S I N E.

Comment ? vous voulez nous propofer de vous avoir avec nous, là.... en cachette, dans notre enclos ?

L'A M O U R, *d'un ton ingénu.*

Sans doute.

E U P H R O S I N E.

Allez, allez, vous n'y penfez pas.

L'A M O U R.

Quoi, vous aimeriez mieux me laiffer périr...

E U P H R O S I N E.

Quoi, avez-vous pû efpérer un inftant....

(*A fes compagnes.*)

Rentrons, rentrons.

L'A M O U R.

O Dieux, quel eft mon fort ! O Dieux, ce peut-il qu'avec tant de charmes, on ait des cœurs auffi barbares ! Allez, cruelles, allez parmi vos compagnes vous applaudir de toute votre dureté : tandis que moi, pauvre petit malheureux, man- quant de tout, accablé de fatigue, & encore plus de la vive douleur que me caufe un traitement fi inhumain, je vais attendre, dans cette forêt, la fin d'une trifte vie. On vous apprendra bientôt

G iv

qu'on m'a trouvé mort de froid, dans quelque
antre. A mon âge, quelle affreufe deftinée !

CYANE, *d'un ton attendri.*

Euphrofine, il me perce le cœur !

L'AMOUR, *feignant de pleurer & de s'en aller.*
Adieu.

EUPHROSINE, *d'un ton attendri.*

Arrêtez.... En vérité, ce que vous nous demandez eft-il raifonnable ?

L'AMOUR.

En vérité, eft-il poffible que vous foyez fans
pitié ?...

EUPHROSINE.

Nons n'en avons peut-être que trop. Penfez
donc à quoi nous nous expoferions, fi l'on alloit
découvrir que nous aurions caché un jeune homme
parmi nous ?

L'AMOUR, *vivemens.*

Eh, qui pourra le fçavoir ? Il ne vous fera pas
difficile de ménager quelque petit endroit où j'irai
me mettre, lorfqu'il vous viendra des vifites. Le
refte du temps, toujours enfemble & belles Nymphes, quel plaifir ! quel raviffement ! Je ferai d'une
joie, d'une gaieté !... Nous rirons, nous chan-
terons, nous jouerons à mille petits jeux ! Vous
verrez que les jours qui, entrefilles, vous ont pa-

ra fans doute jufqu'à préfent affez ennuyeux, ne vous dureront pas des minutes. Allons, l'heure eft favorable, prefque toutes vos compagnes font à la chaffe : entrez d'abord, paffez les premières, pour examiner fi perfonne ne me peut voir ; je refterai à la porte, & au figne que vous me ferez....

MERCURE, *derrière le Théâtre, contrefaifant la voix d'une femme.*

Euphrofine ? Cyane ? Aglaé ?

EUPHROSINE.

O Ciel ! on nous appelle ; c'eft quelqu'une de nos compagnes qui nous cherche. Fuyez, fuyez vîte ; tâchez de vous cacher dans l'épaiffeur du bois ; fi on vous avoit entendu, nous ferions perdues.

L'AMOUR *à part, en s'en allant.*

Ah, la maudite bégueule qui vient fi mal à propos ! Mais ce n'eft, après tout, qu'un petit retardement, & je crois qu'en voilà toujours trois que nous pouvons déja regarder comme à nous.

(*Il fort, en les regardant avec un fourire malin, & d'un air avantageux. Euphrofine qui a furpris ce regard, le conduit des yeux, & refte enfuite rêveufe au bord du Théâtre, tandis que fes compagnes qui s'en vont, rencontrent Mercure qui les ramène.*)

SCENE V.

MERCURE, *sous la figure d'un Chasseur*, EUPHROSINE, CYANE, AGLAÉ.

MERCURE.

LE voilà parti, avançons. Demeurez, belles Nymphes, demeurez. Pour l'éloigner, j'ai contrefait la voix d'une de vos compagnes. Ah! que je viens à propos au secours de votre innocence: il en étoit temps.

AGLAÉ.

Il en étoit temps? Que voulez-vous dire? C'est un jeune homme qui nous racontoit son aventure, mais à qui nous n'aurions certainement pas accordé ce qu'il nous demandoit.

MERCURE.

Pauvres Colombes, sous la serre de l'Epervier, vous ne battiez déja plus que d'une aîle! Avec quels détours, quelle adresse & quels mensonges, le petit scélérat tâchoit de s'introduire!

CYANE.

Des mensonges? Est-ce qu'il ne s'est réellement pas échappé de chez les Prêtres de Jupiter?

MERCURE.

Lui? c'est un petit libertin qui sans cesse court

le monde, n'ayant d'autre loi que ſes déſirs, que ſon caprice pour guide, & ſon plaiſir pour objet: toujours plus vif que délicat; toujours moins ſenſible au don, qu'avide du triomphe d'un cœur; d'autant plus dangereux, que d'abord rien ne paroît plus doux, plus ſoumis, plus modeſte, plus ingénu; mais à peine on l'accueille, on le careſſe, on commence à lui ſourire, qu'il devient hardi, téméraire, entreprenant. Tandis que l'eſpoir l'anime, tandis qu'on lui réſiſte, tendre, empreſſé, plein d'ardeur: eſt-il heureux? c'eſt un tyran, & bientôt un ingrat, un perfide.

A G L A É.

Comme vous le peignez!

M E R C U R E.

Tel qu'il eſt, & tel que vous l'éprouverez, ſi vous négligez mes avis.

A G L A É.

Euphroſine, tu rêves & ne dis mot? Crois-tu....

EUPHROSINE, *ſortant avec vivacité de ſa rêverie.*

Je crois que ſur ce petit fourbe on n'en ſçauroit trop dire.

(*A Mercure.*)

Je l'avoue, il m'avoit attendrie, & je ſens que, malgré vos conſeils, j'aurois eu de la peine à le foupçonner, s'il ne s'étoit pas trahi lui-même.

THALIE.

Comment ?

CYANE.

Qu'as-tu donc remarqué ?

EUPHROSINE.

En nous quittant, il a jetté fur nous un regard qui dans l'inftant m'a dévoilé fon ame toute entière. C'étoit un certain fourire malin, cruel, moqueur, comme voulant dire : *Cela va bien, je fuis content ; voilà trois petites perfonnes qui ne peuvent m'échapper.* Oh ! il n'en eft pas encore où il croit, & quand il reviendra....

MERCURE.

Croyez-moi, ne l'attendez pas.

EUPHROSINE.

Il a voulu nous attraper, je veux lui jouer un tour....

MERCURE.

Prenez-y garde : il eft bien fin, bien rufé ; le mieux, vous dis-je, eft de le fuir.

EUPHROSINE.

Ne craignez rien. J'imagine.... Oui.... Aglaé, donne-moi tes guirlandes.

(*A Cyane.*)

Et toi, les tiennes.

AGLAÉ, *donnant ses guirlandes.*

Que veux-tu faire?

CYANE, *donnant la sienne.*

Quel est ton dessein?

EUPHROSINE.

Vous verrez. Cachez-vous derrière la porte.

(*A Mercure*)

Et vous, derrière ce buisson.

AGLAÉ.

Mais encore explique-nous....

EUPHROSINE.

Oh! rentrez donc vîte : il ne tardera pas à revenir ; il faut qu'il me trouve seule.

MERCURE *à part.*

Cachons-nous, puisqu'elle l'éxige, où plutôt
allons chercher Vénus ; c'est la seule qui puisse
encore avoir quelque empire sur lui, & lui faire
abandonner ces lieux.

AGLAÉ *à Euphrosine, du fond du Théâtre, en s'en
allant.*

Euphrosine, il vient ; je l'apperçois.

SCENE VI.

EUPHROSINE *seule.*

ALLONS au-devant de lui…. Si jeune encore, peut-on être déja si fourbe! A son air à son langage, à ce son de voix qui va au cœur, diroit-on que le petit traître n'a le désir de plaire, que pour avoir le plaisir de séduire.

SCENE VII.

L'AMOUR, EUPHROSINE.

L'AMOUR.

AH, charmante Euphrosine, j'ai le bonheur de vous rencontrer seule! Mon plus cher souhait est accompli.

EUPHROSINE.

Écoutez, je ne puis m'arrêter qu'un instant, il faut que je rentre; je ne suis restée que pour vous dire que nous sommes bien touchées de votre situation; mais qu'il n'est pas possible que nous vous accordions ce que vous nous demandez.

L'AMOUR.

O Ciel! Et c'est vous, c'est Euphrosine, la

feule à qui mon cœur s'étoit véritablement dévoué, qui prononce l'arrêt de ma mort!

EUPHROSINE.

Votre mort? N'y a-t-il donc que nous qui puiffions vous donner un afyle? Si vous ne m'aviez pas vûe, n'auriez-vous pas cherché ailleurs, autour de cette forêt....

L'AMOUR.

Mais, cruelle, je vous ai vûe, & il m'eft à préfent impoffible de vivre fans vous. J'expire à vos pieds, fi vous m'abandonnez.

EUPHROSINE.

Écoutez donc la raifon.

L'AMOUR.

Écoutez donc la pitié.

EUPHROSINE.

Ne devriez-vous pas être content d'être cher aux perfonnes, fans exiger des chofes....

L'AMOUR.

Peut-on, quand quelqu'un nous eft cher, fe plaire à le voir fouffrir?

EUPHROSINE.

Songez qu'il y a certaines démarches....

L'AMOUR.

Songez qu'il n'y en a point dont on ne doive le facrifice à l'Amant le plus tendre....

EUPHROSINE.

Que vous êtes preſſant ! Vous me jettez dans un trouble.... Ah ! je n'aurois pas dû vous at-tendre.

L'AMOUR.

Belle Nymphe....

EUPHROSINE.

Comment, comment, à mes genoux ? Vous n'y penſez pas : s'il venoit quelqu'un !....

L'AMOUR.

Perſonne ne vient.

EUPHROSINE.

Eh bien, quand il ne viendroit perſonne, il ne me plaît pas que vous ſoyez à mes genoux ; levez-vous, levez-vous donc.

L'AMOUR, *lui baiſant la main.*

Je vous adore.... Ah ! laiſſez-moi baiſer mille & mille fois cette main charmante....

EUPHROSINE.

Finiſſez.... finiſſez donc.... quelle folie.... J'appellerai... j'appellerai... Sçavez-vous bien que ces vivacités là ſeules m'empêcheroient de vous recevoir parmi nous ?

L'AMOUR.

Ah, belle Euphroſine, ne doutez pas un inſ-tant que mon reſpect n'égale toujours mon amour.

EUPHROSINE.

EUPHROSINE.

Je ne m'y fierois pas.... Tenez, nous ne vous recevrions qu'à une condition.

L'AMOUR.

Et quelle?

EUPHROSINE.

Il faudroit.... Mais, non, non.... croyez-moi, féparons-nous, féparons-nous.

L'AMOUR, *la retenant.*

De grace, daignez vous expliquer.

EUPHROSINE.

Eh bien, je voudrois que vous fuffiez abfolument notre captif; je ne vous chargerois pas de chaînes bien pefantes; vous voyez bien ces guirlandes; je vous lierois les bras, les mains....

L'AMOUR.

Quelle idée!

EUPHROSINE, *feignant de s'en aller.*

Cela ne vous convient pas? Adieu.

L'AMOUR.

Arrêtez donc. Quoi vous voulez qu'au milieu de vous trois je fois lié?

EUPHROSINE.

Oui.

L'AMOUR.

Pardi, j'y ferois une plaifante figure!

H

EUPHROSINE, *feignant encore de s'en aller.*

Eh bien ! puifque vous l'aimez mieux , paffez encore la nuit au pied de votre arbre ; je vous fouhaite le bon foir.

L'AMOUR, *à part.*

L'extravagante propofition ! Mais après tout , je ne la dois regarder que comme une petite fima-grée de vertu , ou plûtôt comme timidité de jeu-ne fille , qui , à la faveur de la précaution qu'elle exige , cherche à fe faire illufion fur la démarche qu'elle hafarde. Elles me délieront bientôt ; je peux m'en repofer fur leur cœur , & le principal eft de m'introduire.

(*Ramenant Euphrofine qui s'en alloit lentement.*)

Belle Euphrofine , vous ne devez pas douter que, pour être avec vous, je ne me foumette à tou-tes les conditions qu'il vous plaira de m'impofer. Cependant. . . .

EUPHROSINE.

Cependant !. . . Finiffons, décidez-vous ; vous commenceriez à me donner des foupçons. . . .

L'AMOUR.

Ils feroient bien injuftes. Allons , je me livre entièrement à vous.

EUPHROSINE.

Voyons donc. . . . Tenez-vous comme cela.

L'AMOUR, *tandis qu'elle le lie avec des guirlandes.*

Les liens dont vous enchaînez mon cœur de-
vroient vous suffire ; un véritable amant est toujours soumis, respectueux.... Comme vous me
serrez !

EUPHROSINE.

Asseyez-vous à présent.

(*Après lui avoir lié les bras, elle le fait asseoir au pied
de l'arbre & commence à lui lier les jambes.*)

L'AMOUR.

Que voulez-vous faire encore ? Comment ? vous
ne voulez pas même que je puisse marcher ? Oh,
tant de précautions commencent à me paroître
bien extraordinaires.

EUPHROSINE, *d'un ton ironique, achevant de le
lier.*

Je conçois bien que ce n'est pas ordinairement
ainsi que vous allez en bonne fortune ; mais voilà
comme nous vous voulons. Je vais chercher mes
compagnes pour m'aider à vous emmener.

SCENE VIII.

L'AMOUR seul, assis au pied de l'arbre.

ELLE conçoit bien que ce n'est pas ordinairement ainsi que je vais en bonne fortune ! Que
veut-elle dire par ces mots qu'elle a prononcés
d'un ton ironique ? Quoi ! n'auroient-elles point
donné dans l'histoire que je leur ai faite ? Vou-
droient-elles se divertir à mes dépens ? Serois-je
la dupe de tout ceci ? Après m'avoir gardé avec
elles tout le soir, sans me délier, après s'être bien
amusées de ma figure, si demain matin elles me
mettoient à la porte avec toutes les plaisanteries
que je mériterois ?.... La jolie aventure ! quelle
honte ! quel ridicule ! Oh, je me suis livré comme
un sot, comme un fat, comme un étourdi....,
Comment faire ? Je ne puis remuer. J'enrage.

SCENE IX.

L'AMOUR, EUPHROSINE, AGLAÉ, CYANE.

(Elles s'asséyent toutes les trois au pied de l'arbre, autour de l'Amour.)

AGLAÉ.

AH, vous voilà donc pris ?

L'AMOUR.

Qu'appellez-vous pris ? Est-ce que vous avez dessein de me faire du mal ?

AGLAÉ.

Non, en vérité ; nous venons vous chercher pour vous emmener avec nous, & nous aurons bien soin de vous. Mais, il me semble qu'une aventure avec trois jeunes filles, assez jolies, qui n'attendent que la nuit pour vous introduire mystérieusement chez elles, devroit vous inspirer un certain air gai, triomphant, que je ne vous vois pas ? La facilité avec laquelle nous cédons à ce que vous désirez, vous rendroit-elle déja moins vif, moins empressé ?

H iij

L'AMOUR.

Oh, il ne dépend que de vous de me voir tout aussi vif, tout aussi empressé qu'on peut l'être. Mais voilà une plaisante façon de céder aux désirs des gens, que de les tenir liés !

AGLAÉ.

Qu'est-ce que cela fait?

L'AMOUR.

Comment, ce que cela fait ? Cela fait tout.

EUPHROSINE.

Songez donc que, si vous ne l'étiez pas, nous serions timides, contraintes, embarrassées avec vous; au lieu que vous possédant comme vous voilà, nous vous ferons mille petites amitiés....

L'AMOUR.

Toutes ces petites amitiés là seroient en pure perte pour moi; je ne veux point qu'on m'en fasse que je n'y puisse répondre, & je vous prie de commencer par ne me point tant approcher.

EUPHROSINE, *le caressant.*

Que vous avez bien le ton & toutes les façons d'un enfant gâté !

CYANE, *le caressant aussi.*

Comment ne l'auroit-on pas gâté, il est si joli?

AGLAÉ, *le regardant tendrement.*

Il est vrai que sa figure est charmante. Il faudra le garder au moins un mois avec nous.

L'AMOUR.

Toujours lié?

EUPHROSINE.

Oh, toujours, mais aussi toujours caressé. Il
m'a paru tantôt que vous preniez bien du plaisir
à me baiser la main ; tenez, baisez-la encore...

L'AMOUR *en colère.*

Finissons, finissons, vous dis-je.

EUPHROSINE.

Mais, qu'est-ce que c'est donc que ce petit garçon là? Voyez, je vous prie, comme il est mutin!
Allons, qu'on baise tout à l'heure ma main, puisque je l'ordonne. Aglaé, donnes-lui la tienne,

AGLAÉ.

Volontiers.

EUPHROSINE.

Et toi, Cyane?

CYANE.

De tout mon cœur.

(*Elles lui font baiser leurs mains.*)

L'AMOUR.

O Ciel !

EUPHROSINE *à l'Amour.*

Fi, que cela est vilain d'avoir de l'humeur ! On
lui montre l'inclination qu'on a pour lui , & il se
fâche.

H iv

L'AMOUR.

Mais, tandis qu'auprès de vous je n'aurai que les yeux de libres, tout ce que vous me montre-rez, ne peut que me faire enrager. Il y a de la barbarie à me faire ces agaceries là.... Pardi, si vous ne voulez pas me délier entièrement, du moins rendez-moi un bras.

EUPHROSINE.

Non.

L'AMOUR.

Une main.

EUPHROSINE.

Rien du tout.

L'AMOUR.

C'en est trop, écoutez, si je me mets de moi-même en liberté, je vous attraperai à mon tour, & vous aurai beau dire comme tantôt, *j'appelle-rai, j'appellerai*, vous me payerez tout ceci.

EUPHROSINE, *d'un ton railleur.*

Vous vous croyez donc un petit garçon bien redoutable ?

L'AMOUR, *faisant des efforts pour rompre ses liens.*
Ah! pardi, nous allons voir.

(*Cyane & Aglaé se lèvent & veulent s'enfuir.*)

CYANE.

Euphrosine, il va rompre ses liens !

AGLAÉ.

Nous sommes perdues!

EUPHROSINE.

Ne craignez pas; j'ai bien pris mes précautions; il est trop bien attaché.

L'AMOUR *à Euphrosine.*

Scélérate!

EUPHROSINE *à l'Amour.*

Soyez donc tranquille. Il faut avouer que les hommes sont bien capricieux, bien inconstans. Avec quelle ardeur ne souhaitoit-il pas tantôt d'être avec nous! l'y voilà, il voudroit déja nous échapper; mais nous vous garderons bien.... Levez donc la tête.... Regardez-nous.... Allons, faites-nous quelque petite histoire pour nous amuser.

L'AMOUR.

Non, je veux dormir.

EUPHROSINE.

Dormir entre nous trois? cela seroit joli.

L'AMOUR.

Cela ne vous fera pas trop d'honneur.

EUPHROSINE.

Nous vous en empêcherons bien; emmenons-le.

L'AMOUR.

Vous ne m'emmenerez point, si vous ne me déliez.

EUPHROSINE.

Nous ne vous délierons point, & nous vous emmenerons malgré vous.

(*Elles se levent & veulent l'emmener.*)

SCENE X.

MERCURE, VÉNUS, L'AMOUR, EUPHROSINE, CYANE, AGLAÉ.

MERCURE.

COMMENT? Qu'est-ce donc, belles Nymphes? Quelle violence voulez-vous faire à ce jeune homme? Ah!... Eh, c'est l'Amour?

EUPHROSINE.

L'Amour?

MERCURE.

Oh, lui-même. Est-ce que votre cœur ne vous le disoit pas? Vénus, venez voir votre fils.

L'AMOUR.

Ah, ma mère! Ah, mon cher Mercure, délivrez-moi....

VÉNUS.

Vous délivrer? Par un décret de la volonté de Jupiter, vos liens sont devenus indissolubles; mais comme dans sa colère même il est bon, il a chargé Mercure de vous faire recevoir dans cet enclos, où vous resterez, parmi ces jeunes filles, lié comme vous êtes....

L'AMOUR.

O Ciel! peut-on imaginer une barbarie....

VÉNUS.

De quoi vous plaignez-vous ? Ne vouliez-vous pas y faire une retraite d'un ou de deux mois ?

MERCURE.

Écoute: il n'y a qu'un moyen de recouvrer ta liberté ; c'est de choisir celle des trois qui te plaît le plus, & de l'épouser.

L'AMOUR.

Mais, qu'est-ce que c'est donc que ce Mercure qui parle sans cesse de mariage ? Cela lui sied bien !

VÉNUS.

Mercure, j'ai dit fort sérieusement à Jupiter que je ne voulois point qu'on mariât mon fils. Qu'est-ce que ce seroit que l'Amour au bout d'un mois ! Mais pour le punir de s'être fait un jeu cruel du malheur de ces trois jeunes personnes, à qui, malgré la façon badine dont elles ont paru le traiter, il n'a peut-être que trop inspiré des sentimens funestes à leur repos, Diane a obtenu que ses liens ne pourroient être rompus, que lorsqu'il aura trouvé le moyen de leur assurer un sort dont elles soient également contentes. Il me paroît difficile d'accorder trois rivales.

L'AMOUR.

Non : elles feront également fatisfaites du fort que je leur deftine, je vous le promets. Déliez-moi vîte.

MERCURE.

Doucement. On fçait que l'Amour n'eft pas avare de belles promeffes.

L'AMOUR.

J'en jure par le Styx.

MERCURE.

Oh, après ce ferment là, il n'y a rien à dire, & tes liens vont tomber d'eux-mêmes.

(*Il le délie.*)

L'AMOUR, *fe voyant en liberté.*

Ah, je refpire !... Approchez, approchez, belles Nymphes, & ne paroiffez point embarraf-fées du petit tour que vous m'avez joué ; un peu de malice ne peut que rendre la beauté plus pi-quante encore aux yeux de l'Amour.

(*A Mercure.*)

Tu voulois que j'en époufaffe une ? Et à laquel-le aurois-je donné la préférence ? Toutes les trois partagent également mon cœur. Sans ceffe j'aurois choifi, fans pouvoir faire un choix. Prêt d'offrir ma main à l'une, je me ferois reproché de faire in-juftice aux deux autres.

(*Aux trois Nymphes.*)

Non, jamais l'Amour ne pourra prononcer entre vous. Immortelles comme moi-même, belles
Nymphes, vous ferez l'appui de mon Empire.
Venez embellir Paphos & Cythère; venez y prendre la place que mon cœur vous défigne, & que
vos charmes vous affurent. Auprès de ma mère
vous ferez les Graces: c'eft l'Amour qui les donne
à la Beauté.

(*Ceffant de leur adreffer la parole.*)

Jeux & Ris, par vos danfes & vos chants, célébrez ce beau jour.

DIVERTISSEMENT.

MARCHE.

VÉNUS *aux Graces.*

AIR.

PARTAGEZ, Nymphes immortelles
L'Empire des Jeux & des Ris :
Soyez mes compagnes fidelles,
Et guidez les pas de mon fils.
Ce beau jour, pour l'Amour, est un jour de vic-
toire :
Il met le comble à ses désirs.
Vous lui devez une éternelle gloire ;
Il vous devra tous ses plaisirs.

(*On danse.*)

UNE DES GRACES.

AIR.

L'ASYLE le plus sévère,
Des traits du Dieu de Cythère,
Ne peut jamais nous sauver ;
Et dans l'ignorance
Vainement l'on pense
Nous élever :

Tout dans la nature
Parle à notre cœur ;
Tout dans la nature
Nous fait la peinture
D'une tendre ardeur ;
Tout dans la nature
Parle à notre cœur.

(On danse.)

VAUDEVILLE.

L'AMOUR.

Vous qui suivez toujours mes traces,
Et qui me cherchez avec soin,
Par-tout où vous verrez les Graces,
Croyez que l'Amour n'est pas loin.

UN DES PLAISIRS.

Maris, dont la flamme jalouse
Ne peut souffrir le moindre soin,
Si vous renfermez votre épouse,
Ce que vous craignez n'est pas loin.

EUPHROSINE.

D'un Moineau près de sa Fauvette
Lise admire le tendre soin :
Elle rêve, elle est inquiette,
Croyez que l'Amour n'est pas loin.

AGLAÉ.

LORSQU'APRE's des torrens de larmes,
Veuve commence à prendre foin
De fa parure & de fes charmes,
Croyez que l'Amour n'eft pas loin.

CYANE.

QUAND vous verrez une fillette
Se retirer en quelque coin,
Pour pouvoir y rêver feulette,
Croyez que l'Amour n'eft pas loin.

UN DES PLAISIRS.

DE fes fuccès dont il fait gloire,
Un fat rend le Public témoin :
Mais croyez qu'il chante victoire,
Quand fouvent l'Amour eft bien loin.

L'AMOUR.

NE vous contentez pas de plaire,
Belles, aimez à votre tour;
Les plaifirs que vous pourrez faire,
Seront bien payés par l'Amour.

UN DES PLAISIRS.

AIMEZ, Amans, avec conftance,
Et de vos peines quelque jour,
Vous recevrez la récompenfe :
Vous ferez payés par l'Amour.

L'AMOUR

L'AMOUR, *au Parterre.*

FRANÇOIS, Peuple brillant, aimable,
Et le plus chéri dans ma Cour,
Aux Graces soyez favorable,
Et battez des mains à l'Amour.

Fin du Divertissement.

I

SCENE DU DÉNOUEMENT

changée par l'Auteur.

L'AMOUR, EUPHROSINE; AGLAÉ, CYANE, MERCURE, L'HYMEN, LA FIDÉLITÉ.

L'HYMEN.

QU'EST-CE donc, belles Nymphes ? Quelle violence voulez-vous faire à ce jeune homme ? Ah.... Eh, c'est l'Amour ?

EUPHROSINE.

L'Amour ?

L'HYMEN.

Oui, lui-même. Est-ce que votre cœur ne vous le disoit pas ?

(Elles veulent s'enfuir.)

Où allez-vous donc ? Nous avons besoin de vous.

MERCURE *à l'Amour.*

Comme te voilà emmailloté !

L'AMOUR.

Ah, mon cher frère, l'Hymen ! Ah, mon cher Mercure ! délivrez-moi....

MERCURE.

Te délivrer ? Tous les Dieux de l'Olympe s'uniroient ensemble, qu'ils ne le pourroient pas. Tes liens, par un decret de Jupiter, font devenus indiffolubles. Mais, comme dans fa colère même il eft bon, il m'a chargé de te faire recevoir dans cet enclos, où tu feras parmi ces jeunes filles lié comme te voilà.

L'AMOUR.

O Ciel! peut-on imaginer une barbarie.....
Mon cher Mercure, retourne vers Jupiter : dis-lui....

MERCURE.

Écoute, tout ce que je lui dirois feroit inutile. Il n'y a qu'un moyen de recouvrer ta liberté : c'eft de choifir celle des trois qui te plaît le plus, & de l'époufer.

L'AMOUR.

Quoi, Jupiter s'obftine....

MERCURE.

Jupiter veut abfolument que tu fois marié.

L'AMOUR.

Mais Mercure....

MERCURE.

Mais, mais, telle eft fa volonté, te dis-je. Décide-toi.

I ij

L'AMOUR.

Eh bien ! j'y confens ; délie-moi vîte.

MERCURE.

Oh, doucement. On fçait que l'Amour n'eft pas avare de belles promeffes : il faut jurer par le Styx.

L'AMOUR.

Par le Styx ?

MERCURE.

Oui.

L'AMOUR.

O Dieux ! . . . Eh bien ! je jure par le Styx d'en époufer une, pourvu que la Fidélité promette de s'unir à l'Hymen, pour faire mon bonheur.

MERCURE, *faifant tomber fes liens.*

Cela eft jufte, & tes liens vont tomber.

L'AMOUR *à part, lorfqu'il fe voit libre.*

Ah, je refpire ! Ils croyent me tenir par le ferment redoutable qu'ils m'ont arraché ; mais, par la condition que j'y ai mife, j'en fuis dégagé, fi je puis parvenir à brouiller l'Hymen & la Fidélité. L'Hymen eft brufque, impoli ; la Fidélité, chagrine, impérieufe, pie-griéche : il ne doit pas m'être difficile d'exciter une querelle entre ces deux efpèces-là. Voyons.

(*Haut.*)

Approchez, belles Nymphes, approchez. Ce ne font point les ordres de Jupiter, ni le ferment terrible que j'ai fait, c'eft le deftin de mon cœur qui va m'unir pour jamais à l'une de vous. Mais à laquelle donner la préférence ? Mercure, plus je les regarde, plus je fuis embarraffé.... Avoue qu'à ma place tu ne le ferois pas moins que moi.

MERCURE.

Il eft vrai qu'elles font toutes les trois bien jolies.

L'AMOUR, *après les avoir encore confidérées pendant quelque temps tour à tour.*

Toujours prêt à choifir, je ne fais point de choix. Quand je veux offrir ma main à l'une, mon cœur me dit que je fais injuftice aux deux autres.

L'HYMEN.

Il faut cependant te déterminer.

L'AMOUR.

Ah ! je fens que j'ai trop peu d'un cœur, ou trop de deux Maîtreffes.... Non, non, l'Amour ne pourra jamais prononcer entr'elles.

LA FIDÉLITÉ.

Eh bien ! veux-tu t'en rapporter à moi ?

L'AMOUR.

Volontiers.... Mais, non : il s'agit de choifir

une épouse à l'Amour, & de donner une nouvelle Déesse à l'Olympe ; il est juste que l'Hymen, qui va faire mon bonheur, ait aussi toute
la gloire de ce grand jour.

L'HYMEN, *embrassant l'Amour.*

Que tu me flattes agréablement !

LA FIDÉLITÉ, *avec aigreur.*

Mais, si l'Hymen fait ton bonheur, c'est la Fidélité qui l'assure, & je ne vois pas pourquoi.....

L'HYMEN, *d'un ton de dédain.*

Vous ne voyez pas pourquoi j'aurois la préférence ?

LA FIDÉLITÉ, *du même ton.*

Est-ce que vous croyez qu'elle vous est dûe ?

L'HYMEN, *d'un ton brusque.*

Eh, songez donc que vous n'êtes qu'à ma
suite.

LA FIDÉLITÉ, *vivement.*

A ta suite ? A ta suite ? Je veux bien quelquefois t'accompagner. Qu'est-ce que ce seroit que
l'Hymen sans moi ? Je suis à ta suite !

L'AMOUR *à part.*

Bon : cela s'échauffe.

MERCURE.

De grace, Déesse.....

LA FIDÉLITÉ.

Mercure, vous le voyez : voilà les tons, les airs, les brufqueries, les mépris, les duretés, les hauteurs, qu'il faut que j'effuie tous les jours.

L'HYMEN.

Eh, c'eft moi qui fuis fans ceffe expofé à vos contradictions, vos humeurs, vos reproches, vos foupçons, vos criailleries, vos éclats. J'ai fouvent cédé, pour avoir la paix : mais dans cette occafion-ci, votre petite vanité eft fi déplacée....

LA FIDÉLITÉ.

Ma petite vanité eft fi peu déplacée, que puifque tu le prends fur ce ton-là, je lui déclare que s'il ne s'en rapporte pas plutôt à mon choix qu'au tien, je me retire à l'inftant.

L'AMOUR *à part.*

A merveille !

(*Haut.*)

Ma foi, Déeffe, je ne veux point donner de dégoût à l'Hymen.

LA FIDÉLITÉ.

Et tu ne t'embarraffes pas de m'en donner, à moi ?

L'AMOUR.

Je ne dis pas cela : mais il me femble que chacun devroit fe rendre juftice & fentir....

I iv

LA FIDÉLITÉ, *avec aigreur & dépit.*

Oui, je devrois sentir que je ne suis qu'une petite Divinité, qui ne mérite pas d'attention, ni qu'on se soucie de se marier sous ses auspices ? Ah! c'en est trop, & nous verrons. Adieu, adieu : faites, faites ce beau mariage.

MERCURE.

Écoutez donc, Déesse,...

LA FIDÉLITÉ.

Que veux-tu que j'écoute ? Quelque nouvelle impertinence, quelque nouvelle injure ?

(*A l'Amour.*)

Vas, tu me désireras que tu ne me trouveras pas.

(*A l'Hymen.*)

Et toi, de qui il est rare que dès le second jour on ne reconnoisse l'ennui, la gêne, la fadeur & l'insipidité, sois sûr que désormais nous n'habiterons pas souvent ensemble. (*Elle sort.*)

MERCURE.

La belle aventure ! Voilà l'Hymen & la Fidélité brouillés.

L'AMOUR, *avec un transport de joie.*

Et me voilà dégagé de mon serment.

L'HYMEN.

Comment ?

L'AMOUR.

Je n'ai promis de me marier, qu'à condition qu'elle s'uniroit à toi pour faire mon bonheur : il est plaisant que ce soit la Fidélité même qui rompe mon mariage.

L'HYMEN.

Quoi! tu ne veux plus....

L'AMOUR.

Mon ami, ta brouillerie avec elle est pour les maris un horoscope auquel tu trouveras bon que je ne m'expose pas.

L'HYMEN, *en s'en allant:*

Eh bien! sois toujours un libertin : que m'importe ?

MERCURE *à l'Amour.*

Petit fourbe, tu te ris de Jupiter & de tous les Dieux; mais pour tromper, pour abandonner, pour t'être fait un jeu cruel du malheur de ces trois jeunes Personnes, à qui tu n'as peut-être inspiré que des sentimens trop tendres, il faut que tu sois bien barbare, bien perfide !

L'AMOUR.

Eh, c'est vous autres qui vouliez m'en donner une, pour m'en ôter deux? Moi les tromper, moi les abandonner ! Il faudroit que je cessasse d'être l'Amour. Dans leurs charmes, ne devrois-tu pas lire leurs belles destinées?

(Aux Nymphes.)

Immortelles comme moi-même, belles Nymphes, venez embellir Paphos & Cythère; venez y prendre la place que mon cœur vous désigne, & que votre beauté vous assure. Je vais vous présenter à ma Mère : auprès d'elle, vous serez les Graces.

(Cessant de leur adresser la parole.)

Jeux & Ris, par vos danses & vos chants, célébrez ce grand jour.

FIN.

LETTRE

DU CHEVALIER DE MERÉ,

A LA DUCHESSE

DE LESDIGUIERES,

SUR LA BEAUTÉ ET LES GRACES.

JE vous admire, MADAME, & je ne puis comprendre que vous aimiez tant à vous entretenir fur des fujets dont le monde eft fort en repos : je m'étonne auffi comment vous pouvez paroître fous des formes fi différentes. Vous me faites quelquefois l'honneur de m'écrire des Lettres d'un air fi délicat, qu'il n'y a que vous qui les puiffiez avoir faites. Et vous m'en écri-

vez d'autres d'un tour grave & profond;
comme celle où vous me queſtionnez ſur
l'immortalité de l'ame; & cette autre dans
laquelle vous me demandez ſi nous devons
croire qu'il y ait pluſieurs Mondes, & ſi
ce grand nombre d'Aſtres, que nous appellons des Etoiles, ne ſont point autant de
Soleils qui les éclairent.

Le Billet que vous m'écrivez aujour-
d'hui n'eſt pas ſur un ſi haut ton : il eſt plus
doux & plus riant, & vous avez plus d'intérêt que perſonne à tout ce que vous y
avez mis. Car vous ne parlez que des *Beautés* & des *Graces*; de ce qui les diſtingue,
& s'il eſt plus avantageux d'avoir des unes
que des autres.

Il me ſemble, Madame, qu'on ne
ſçauroit trop rechercher en quoi conſiſte
leur nature & ce qui les produit, au moins
quand on penſe à plaire & à ſe faire aimer.
Mais vous allez être bien ſurpriſe, ſi je
vous dis que les *beautés* & les *graces* ne ſont

qu'une même chofe, qui paroît diverfement & fous différens noms. Si cette aimable qualité fe montre avec beaucoup
d'éclat, & qu'elle foit fort vifible, on l'appelle *beauté* ; quand elle eft un peu fombre & qu'on ne la découvre qu'à peine, on
lui donne le nom de *grâce* & d'agrément.
Et remarquez, s'il vous plaît, que cette
beauté, couverte d'un nuage, eft d'ordinaire plus parfaite que celle qui donne
d'abord dans la vue. De-là vient qu'une
Dame fe doit fçavoir meilleur gré qu'on la
trouve agréable que belle.

Ces habiles Grecs, qui jugeoient bien
de tout, ont fait les Graces brunes, parce
que c'eft la couleur la moins éclatante, &
qui reffemble le plus à la nuit. Un excellent Peintre fit un tableau de Vénus ; &,
comme il employa fept ans à cet ouvrage,
il ne faut pas douter que ce ne fût quelque
chofe de bien rare. Auffi quand Apelle
l'eût vû & confidéré : » Voilà, s'écria-t-il,
» un grand chef-d'œuvre & fort beau, mais

» les graces lui manquent, les graces qui
» font qu'on éleve jufqu'au Ciel tout ce
» qui vient de moi. « C'eft que dans cette
peinture il y avoit beaucoup de ces beautés d'éclat, & bien peu de ces autres
qu'on entend ordinairement fous le nom
de *graces*.

Il eft donc vrai qu'il y a de ces beautés
dont tout le monde s'apperçoit à la première vue, & qu'il y en a d'autres qui font
comme en retraite & qu'on ne remarque
pas fi aifément. Si une femme a beaucoup
de ces beautés de parade, & qu'elle n'ait
point de ces autres qui font peu en vue,
on dira qu'elle eft belle, mais peu de gens
l'aimeront. Que fi on lui trouve un grand
nombre de ces beautés qui brillent, & de
ces autres qui fe cachent comme fous un
voile, on dira qu'elle plaît, & tous les hommes lui feront la cour. C'eft l'idée qu'Homère me donne d'Hélène, & l'Ariofte d'An-
gélique. Si donc une Dame eft bien parta-
gée de ces beautés qu'on ne découvre pas

du premier coup d'œil, quoiqu'elle en ait beaucoup moins de ces autres qui se montrent toujours, elle surpassera la Vénus d'Apelle, & ceux qui auront le plus de goût en seront les plus enchantés. Telle parut autrefois la Princesse d'Egypte (*Cléopâtre*), & telle est aujourd'hui la Reine des Alpes.

LES

LES GRACES.

EXTRAIT

DE L'ENCYCLOPÉDIE,

OU

DICTIONNAIRE DES SCIENCES

ET DES ARTS,

au mot *GRACES & GRACE.*

TOME *VII.*

G R A C E S *(Gramm. Littérat. & Mitholog.)*
dans les personnes, dans les ouvrages,
signifie non-seulement *ce qui plaît*, mais
ce qui plaît avec attrait ; c'est pourquoi les
Anciens avoient imaginé que la Déesse de
la Beauté, ne devoit jamais paroître sans

K

les *graces* *. La beauté ne déplaît jamais, mais elle peut être dépourvue de ce charme secret qui invite à la regarder, qui attire, qui remplit l'ame d'un sentiment doux. Les *graces* dans la figure, dans le maintien, dans l'action, dans les discours, dépendent de ce mérite qui attire. Une belle personne n'aura point de *graces* dans le visage, si la bouche est fermée sans sourire, si les yeux sont sans douceur. Le sérieux n'est jamais gracieux ; il n'attire point : il approche trop du sévère qui rebute.

Un homme bien fait, dont le maintien est mal assuré ou gêné, la démarche précipitée ou pesante, les gestes lourds, n'a point de *grace*, parce qu'il n'a rien de doux, ni de liant dans son extérieur.

La voix d'un Orateur, qui manquera

---

* Un Ancien a dit que *la beauté, sans graces, étoit un hameçon sans appas.* Et la Fontaine, Poëme d'Adonis,

Et la Grace plus belle encor que la Beauté.

d'inflexion & de douceur en articulant,
fera fans *grace.*

Il en eſt de même dans tous les Arts.
La proportion, la beauté, peuvent n'être
point gracieuſes. On ne peut dire que les
pyramides d'Egypte ayent des *graces.* On
ne pouvoit le dire du Coloſſe de Rhodes,
comme de la Vénus de Cnide. Tout ce
qui eſt uniquement dans le genre fort &
vigoureux, a un mérite qui n'eſt pas celui
des *graces.* Ce feroit mal connoître Michel-
Ange & le Caravage, que de leur attribuer les *graces* de l'Albane. Le ſixiéme
Livre de l'Énéïde eſt ſublime. Le quatriéme a plus de *grace.* Quelques Odes galantes d'Horace reſpirent les *graces,* comme
quelques-unes de ſes Epîtres enſeignent la
raiſon.

Il ſemble qu'en général le petit, le joli
en tout genre, ſoit plus ſuſceptible de
graces que le grand. On loueroit mal une
Oraiſon funèbre, une Tragédie, un Sermon
ſi on leur donnoit l'épithète de *gracieux.*

K ij

Ce n'eſt pas qu'il y ait un ſeul genre d'ouvrage qui puiſſe être bon , étant oppoſé aux *graces.* Car leur oppoſé eſt la rudeſſe , le ſauvage , la ſéchereſſe. L'Hercule de Farnèſe ne devoit point avoir les *graces* de l'Apollon du Belvédère & de l'Antinoüs ; mais il n'eſt ni ſec , ni rude , ni agreſte. L'incendie de Troye dans Virgile n'eſt point décrit avec les *graces* d'une Elégie de Tibulle : il plaît par des beautés fortes. Un ouvrage peut donc être ſans *graces* , ſans que cet ouvrage ait le moindre déſagrément. Le terrible , l'horrible , la deſcription , la peinture d'un monſtre , exigent qu'on s'éloigne de tout ce qui eſt gracieux , mais non pas qu'on affecte uniquement l'oppoſé. Car ſi un Artiſte , en quelque genre que ce ſoit , n'exprime que des choſes affreuſes , s'il ne les adoucit pas par des contraſtes agréables , il rebutera.

La *grace* en Peinture , en Sculpture , conſiſte dans la molleſſe des contours , &

dans une expreſſion douce ; mais la Peinture a pardeſſus la Sculpture, la *grace* de
l'union des parties, celle des figures qui
s'animent l'une par l'autre, & qui ſe prêtent des agrémens par leurs attitudes &
par leurs regards.

Les *graces* de la diction, ſoit en éloquence, ſoit en poëſie, dépendent du choix
des mots, de l'harmonie des phraſes, &
encore plus de la délicateſſe des idées &
des deſcriptions riantes. L'abus des *graces*
eſt l'afféterie, comme l'abus du ſublime eſt
l'empoulé ; toute perfection eſt près d'un
défaut.

Avoir de la grace, s'entend de la choſe
& de la perſonne. *Cet ajuſtement, cet ouvrage, cette femme a de la grace.* La bonne *grace*
appartient à la perſonne ſeulement. *Elle ſe
préſente de bonne grace. Il a fait de bonne grace ce qu'on attendoit de lui. Avoir des graces,*
dépend de l'action. *Cette femme a des graces
dans ſon maintien, dans ce qu'elle dit, dans ce
qu'elle fait.*

K iij

Obtenir sa grace, c'est par métaphore, obtenir son pardon : comme *faire grace* est *pardonner*. On fait *grace* d'une chose, en s'emparant du reste. *Les commis lui prirent tous ses effets, & lui firent grace de son argent. Faire des graces, répandre des graces*, est le plus bel apanage de la souveraineté, c'est *faire du bien :* c'est plus que justice. *Avoir les bonnes graces de quelqu'un*, ne se dit que par rapport à un supérieur. *Avoir les bonnes graces d'une Dame*, c'est être son amant favorisé. *Etre en grace*, se dit d'un Courtisan qui a été en disgrace ; on ne doit pas faire dépendre son bonheur de l'un, ni son malheur de l'autre. On appelle *bonnes graces*, ces demi-rideaux d'un lit qui sont aux côtés du chevet. *Les Graces*, en latin *Charites*, terme qui signifie *aimables*.

Les *Graces*, Divinités de l'Antiquité, sont une des plus belles allégories de la Mythologie des Grecs. Comme cette Mythologie varia toujours, tantôt par l'imagination des Poëtes, qui en furent les Théologiens, tantôt par les usages des Peuples, le nombre, les noms, les attributs des *Graces* changèrent souvent. Mais enfin on s'accorda à les fixer au nombre de trois, & à les nommer *Aglaé*, *Thalie*, *Euphrosine*, c'est-à-dire, *brillant*, *fleur*, *gaieté*. Elles étoient toujours auprès de Vénus. Nul voile ne devoit couvrir leurs charmes. Elles présidoient aux bienfaits, à la concorde, aux réjouissances, aux amours, à l'éloquence même ; elles étoient l'emblême sensible de tout ce qui peut rendre la vie agréable. On les peignoit dansantes, & se tenant par la main ; on n'entroit dans leurs Temples que couronné de fleurs. Ceux qui ont insulté à la Mythologie fabuleuse, devoient au moins avouer le mérite de ces fictions riantes, qui annoncent des vérités dont résulteroit la félicité du genre humain. *Art. de M. de Voltaire.*

G R A C E (*Beaux Arts*). Le mot *grace* est d'un usage très fréquent dans les Arts. Il

K iv

femble cependant qu'on a toujours attri-
bué au fens qu'il emporte avec lui quelque chofe d'indécis, de myftérieux, & que,
par une convention générale, on s'eft con-
tenté de fentir à-peu-près ce qu'il veut
dire, fans l'expliquer. Seroit-il vrai que la
grace, qui a tant de pouvoir fur nous, na-
quit d'un principe inexplicable? Et peut-on
penfer que, pour l'imiter dans les ouvrages
des Arts, il fuffife d'un fentiment aveugle,
& d'une certaine difpofition qu'on ne peut
comprendre? Non, fans doute. Je crois,
pour me renfermer dans ce qui regarde
l'art de la Peinture, que la *grace* des figures
imitées, comme celle des corps vivans,
confifte principalement dans la parfaite
ftructure des membres, dans leur exacte
proportion, & dans la juftefse de leur em-
manchement; c'eft dans les mouvemens
& les attitudes d'un homme ou d'une femme qu'on diftingue fur-tout cette *grace* qui
charme les yeux. Or fi les membres ont
la mefure qu'ils doivent avoir relative-

ment à leur usage, si rien ne nuit à leur développement, si enfin les charnières & les jointures sont tellement parfaites, que la volonté de se mouvoir ne trouve aucun obstacle, & que les mouvemens doux & lians se fassent successivement dans l'ordre le plus précis : c'est alors que l'idée que nous exprimons par le mot *grace* sera excitée. Et qu'on n'avance pas comme une objection raisonnable, qu'une figure, sans être telle que je viens de la décrire, peut avoir une certaine *grace* particulière, qu'on ne dise pas qu'il y a des défauts auxquels certaines *graces* sont attachées. Il seroit impossible, à ce que je crois, de prouver que cela doit être ainsi ; & lorsqu'on essayeroit d'établir l'opinion que j'attaque, on démêleroit sans doute dans l'examen des faits, des circonstances étrangères, des goûts particuliers, des usages établis, des habitudes qui tiennent aux mœurs, enfin des préjugés sur lesquels on fonde le sentiment que j'attaque. Rien ne me paroît

devoir contribuer davantage à la corrup-
tion des Arts & des Lettres, que d'établir
qu'il y a des moyens de plaire & de réuf-
fir, indépendans des grands principes que
la raifon & la nature ont établis. On a peut
être auffi grand tort de féparer, comme
on le fait aujourd'hui, l'idée de la beauté
de celle des *graces*, que de trop diftinguer
dans les Lettres un *bon* ouvrage d'avec un
ouvrage de goût. Un Peintre, en peignant
une figure de femme, croit lui avoir donné la *grace* qui lui convient, en la rendant
plus longue d'une tête, qu'elle ne doit
l'être, c'eft-à-dire, en donnant neuf fois la
longueur de la tête à fa figure, au lieu de
huit. Seroit-il poffible qu'on arrivât, par
un fecret fi facile, à cet effet fi puiffant,
à cette *grace* qu'on rencontre fi rarement?
Non, fans doute. Mais il eft plus aifé de
prendre ce moyen, que d'obferver parfaitement la conftruction intérieure des membres, la jufte pofition & le jeu des mufcles,
le mouvement des jointures, & le balan-

cement des corps. Il arrive quelquefois cependant que l'Artiste dont j'ai parlé, fait une illusion passagère : mais il ne doit ce succès qu'à un examen aussi peu réfléchi & aussi aveugle que son travail. C'est ainsi qu'un ouvrage dont le plan n'est pas rempli, ou qui en manque, dans lequel la raison est souvent blessée, & où la langue n'est pas respectée, usurpe quelquefois le nom d'*ouvrage de goût.* Je laisse à juger s'il peut y avoir un *goût véritable* qui n'exige pas la plus juste combinaison de l'esprit & de la raison. Peut-il aussi y avoir de *véritable grace*, qui n'ait pour principe la perfection des corps relative aux usages auxquels ils sont destinés ? *Art. de M. Watelet.*

DE LA GRACE.
EXTRAIT
DES RÉFLEXIONS

Qui se trouvent à la suite du Poëme
de la Peinture,

Par M. Watelet, *de l'Académie Françoise.*

La Grace, ainsi que la Beauté, concourt à la perfection. Ces deux qualités se
rapprochent dans l'ordre de nos idées ; leur
effet commun est de plaire. Quelquefois
on les confond, plus souvent on les distin-
gue : elles se disputent la préférence qu'elles obtiennent, suivant les circonstances.
La Beauté supporte un examen réitéré &
réfléchi. Ainsi l'on peut disputer le prix de

la Beauté, comme firent les trois Déesses : tandis que le seul projet prémédité de montrer des Graces, les fait disparoître.

Je crois que la beauté, comme je l'ai dit, consiste dans une conformation parfaitement relative aux mouvemens qui nous sont propres.

La grace consiste dans l'accord de ces mouvemens avec ceux de l'ame.

Dans l'enfance & dans la jeunesse, l'ame agit d'une façon libre & immédiate sur les ressorts de l'expression.

Les mouvemens de l'ame des enfans sont simples ; leurs membres dociles & souples. Il résulte de ces qualités une unité d'action & une franchise qui plaît.

Conséquemment, l'enfance & la jeunesse sont les âges des graces. La souplesse & la docilité des membres sont tellement nécessaires aux graces, que l'âge mûr s'y refuse, & que la vieillesse en est privée.

La simplicité & la franchise des mou-

vemens de l'ame contribuent tellement à
produire les graces, que les paſſions indé-
ciſes ou trop compliquées les font rarement
naître.

La naïveté, la curioſité ingenue, le
déſir de plaire, la joie ſpontanée, le re-
gret, les plaintes & les larmes mêmes
qu'ocaſionne la perte d'un objet chéri, ſont
ſuſceptibles de graces, parce que tous ces
mouvemens ſont ſimples.

L'incertitude, la réſerve, la contrainte,
les agitations compliquées, & les paſſions
violentes, dont les mouvemens ſont en
quelque façon convulſifs, n'en ſont pas
ſuſceptibles.

Le Sexe, plus ſouple dans ſes reſſorts,
plus ſenſible dans ſes affections, dans lequel le déſir de plaire eſt un ſentiment en
quelque façon indépendant de lui, parce
qu'il eſt néceſſaire au ſyſtême de la Nature:
ce ſexe, qui rend la beauté plus intéreſ-
ſante, offre auſſi, lorſqu'il échappe à l'ar-
tifice & à l'affectation, les graces dans
l'aſpect le plus ſéduiſant.

La jeuneſſe très-cultivée s'éloigne ſouvent des graces qu'elle recherche ; tandis
que celle qui eſt moins contrainte les poſ-
ſede, ſans avoir eu le projet de les acquérir.
C'eſt que l'eſprit éclairé & les conventions
établies retardent ou affoibliſſent les mouvemens ſubits, tant de l'ame que du corps,
& que la réflexion les rend compliqués.
Plus la raiſon s'affermit & s'éclaire, plus
l'expérience s'acquiert, & moins on laiſſe
aux mouvemens intérieurs cet empire qu'ils
auroient naturellement ſur les traits, ſur
les geſtes & ſur les actions.

L'âge mûr, qui voit ordinairement ſe
perfectionner & la raiſon & l'expérience,
voit auſſi les reſſorts extérieurs devenir
moins dociles & moins ſouples.

Dans la vieilleſſe enfin, l'ame refroidie
ne donne plus ſes ordres qu'avec lenteur,
& ne ſe fait plus obéir qu'avec peine. L'expreſſion & les graces s'évanouiſſent alors.

Les graces, telles que je viens de les
définir, empruntent une valeur infinie de
la

la plus parfaite conformation. Cependant les mouvemens simples de l'ame, n'ont peut-être pas, avec la perfection d'un corps bien conformé, le rapport abfolu qui exifte entre cette parfaite conformation & les actions qui lui font propres.

Voilà pourquoi l'enfance, qu'on peut regarder comme un âge où le corps eft imparfait, eft fufceptible de graces, tandis que ce n'eft que par convention qu'on peut lui attribuer la beauté.

Ce que j'ai dit fuppofe encore l'équilibre des principes de la vie, qui produit en nous la fanté. Cet état commun à tous les âges, dans les rapports qui leur conviennent, eft favorable aux graces, & fert de luftre à la beauté.

Au refte, cet accord des mouvemens fimples de l'ame avec ceux du corps, éprouve une infinité de modifications, & produit des effets très-variés.

C'eft de-là que vient fans doute l'obfcurité avec laquelle on en parle communé-

L

ment, & ce *je ne sçai quoi*, expression vui-
de de sens qu'on a si souvent répétée,
comme signifiant quelque chose.

Les graces sont plus ou moins apperçues & senties, selon que ceux aux yeux
desquels elles se montrent, sont eux-mêmes
plus ou moins disposés à en remarquer
l'effet.

Qui peut douter qu'il ne se fasse, quand
nous sommes très-sensibles aux graces, un
concours de nos sentimens intérieurs, avec
ce qui les produit? Fixons quelques idées
à ce sujet.

Un homme indifférent voit venir à lui
une jeune fille, dont la taille proportion-
née se prête à sa démarche, avec cette facilité & cette souplesse qui font les caractères de son âge. Cette jeune fille, que je
suppose affectée d'un mouvement de curiosité, reçoit de cette impression simple
de son ame des charmes qui frappent les
yeux de celui qui la regarde.

Voilà des graces naturelles, indépendantes de toute modification étrangère.

Supposons actuellement que cet homme, loin d'être indifférent, prenne l'intérêt d'un père à cette jeune beauté, qui l'apperçoit & qui se rend près de lui. Supposons encore que la curiosité qui guidoit les pas de la jeune fille soit changée en un sentiment moins vague, qui donne un mouvement plus décidé à son action & à sa démarche. Quel accroissement de graces va naître de cet objet plus intéressant, de cette action plus vive, & de la relation de sentiment, qui, d'un côté, produit un empressement tendre, & qui, de l'autre, rend le père plus clairvoyant cent fois & plus sensible aux graces de sa fille, que ne l'étoit cet homme désintéressé.

Ajoutons à ces nuances :

Que ce ne soit plus un homme indifférent, ni même un père, mais un jeune homme amoureux qui attend, & qui voit enfin arriver l'objet qu'il désire & qu'il chérit. Que cette jeune fille à son tour soit

une tendre & naïve amante, qui n'a pas
plutôt apperçu celui qu'elle aime, qu'elle
précipite fa courfe. Suppofez que le lieu
dans lequel ces deux amans fe réuniffent,
foit ce que la Nature peut offrir de plus
agréable ; que la fcène foit éclairée par un
jour choifi ; que la faifon favorable ait décoré de verdure & de fleurs le lieu du ren-
dez-vous. Repréfentez-vous à la fois les
charmes de la jeuneffe, la perfection de la
beauté, l'éclat d'une fanté parfaite, l'agitation vive & naturelle de deux ames qui
éprouvent les mouvemens les plus fimples,
les plus relatifs, les moins contraints ; &
voyez fe fuccéder alors une variété infinie
de nuances dans les graces qui, toutes inf-
pirées, toutes involontaires, font par conféquent empreintes fur les traits, & exprimées dans les moindres actions & dans les
moindres geftes.

Ainfi, parmi les impreffions de l'ame
qui fe peignent dans nos mouvemens, &
dont je parlerai en réfléchiffant fur les paf-

fions, celle qui paroît la plus favorifée de
la Nature, l'amour produit une expreffion
plus agréable, plus univerfelle, plus fenfible que toute autre, & dans laquelle la
relation de l'ame & du corps, qui fait naître les graces, eft plus intime & plus exactement d'accord.

Auffi les Anciens joignoient-ils & ne
féparoient jamais Vénus, l'Amour & les
Graces. La ceinture myftérieufe, décrite
par Homère, n'eft peut-être que l'emblême de ce fentiment d'amour fi fertile en
graces, dont Vénus toujours occupée em-
pruntoit le charme que la beauté feule
n'auroit pu lui donner.

Revenons au Peintre, pour lequel la
connoiffance des proportions, de l'enfemble, du mouvement, de la beauté & de la
grace devient inutile, s'il n'y joint l'étude
de la lumière & de la couleur. En effet, fans
la lumière & la couleur, toutes ces chofes
feroient comme non exiftantes pour nous,
& le Peintre n'auroit rien à imiter.

L iij

CRITON,

OU

DE LA GRACE
ET DE LA BEAUTÉ.

L iv

J. M. Moreau le Jne del.   N. de Launay Sculp. 1763

LES GRACES

CRITON,

OU

DE LA GRACE

ET DE LA BEAUTÉ.

EXTRAIT d'un Dialogue traduit librement de l'Anglois.

JE crois, CRITON, qu'il seroit aussi facile de faire l'analyse de l'arc-en-ciel, que de déterminer ce qui compose la beauté. Comment pourroit-on réduire à des principes fixes, ce qui est si passager & si variable ? A chaque moment on remarque des changemens très-sensibles sur les plus beaux visages.....J'en conviens, MILESIUS, mais ce font ces changemens mêmes qui font la beauté.

Voulez-vous que je vous développe les idées que je me fuis faites de la beauté & de la grace? Elles pourront au moins fervir à fixer les vôtres.

Tout ce qui plaît aux yeux, & dont l'ame fe reffouvient avec plaifir, peut être nommé *beau*. Ainfi la beauté peut convenir à tous les objets qui charment les fens, & elle s'étend auffi loin que peut aller l'imagination, qui eft en quelque forte, pour nous, une feconde création. En effet, on peut parler, non-feulement de la beauté d'un point de vûe charmant, d'un Soleil qui fe leve ou qui fe couche, d'un Ciel bien étoilé, d'une prairie agréable, des bofquets, des jardins où l'on voit régner l'art & la fymétrie, mais encore de la beauté des tableaux, des portraits, des ftatues, des bâtimens, des actions des hommes, de leur caractère, & même de leurs penfées.

Parmi ce nombre infini de beautés, il y en a autant de fausses, que de vraies & de réelles. C'est souvent le goût des Nations qui en décide.

La beauté n'ayant donc, pour ainsi dire, ni bornes ni limites, il n'est pas possible de la considérer dans toute son étendue. Ce point de vûe seroit ici trop général, & on ne pourroit traiter, sans confusion, une matière si vaste.

Considérons simplement la beauté visible, la beauté personnelle ou humaine, celle enfin qu'on peut appeller réelle & indépendante de la coutume ou du caprice. Ne disputons point aux Bantâmes la beauté de leurs grosses lévres, ni aux Dames de la Chine, celle de leurs pieds excessivement petits*.

---

* Les Chinois croyent qu'une des grandes beautés des femmes, c'est d'avoir des pieds sur lesquelles elles ne peuvent se soutenir. J'ai vu des mules Chinoises, où nos Dames n'auroient pu faire entrer qu'un doigt de leur pied. Pendant leur enfance, on tient leurs pieds serrés pour les empêcher de croître.

Je crois que tout ce qui contribue à former la beauté dont je parle, peut se réduire à la couleur, à la forme, à l'expreffion & à la grace : les deux premières qualités en conftituent le corps, & les deux dernières appartiennent à l'ame.

Le coloris eft la moindre des parties qui compofent la beauté. C'eft cependant la plus frappante, & celle à laquelle on fait le plus d'attention. On n'en doit point être furpris. Tout le monde peut voir ; mais peu font en état de juger. Il ne faut que des yeux pour voir les couleurs, & beaucoup moins de difcernement pour juger de la beauté, que de celle des trois autres parties. Or, comme cet article eft le moins intéreffant, je ne ferai que deux ou trois obfervations fur cet objet.

Pour ce qui regarde le coloris, tout le monde convient qu'on n'a jamais rien vu, ni rien imaginé de fi beau que la fameufe Vénus d'Apelle *. Ce fut peut-être

---

* On voyoit à Rome, du temps de Pline, plufieurs Ta-

le plus parfait que l'Art ait jamais exprimé.
Il est vrai que l'on ne peut juger aujour-
d'hui de la beauté de la couleur : elle n'a
pu réſiſter à l'injure des temps. Mais Cicéron nous a, en quelque ſorte, conſervé ce
coloris ſi parfait : » C'étoit, dit-il, un beau
» mélange de rouge & de bleu fondus en-
» ſemble, repandus, ſuivant leurs diverſes
» gradations, dans toutes les parties du
» corps. On auroit pu s'y tromper, tant
» cette couleur étoit ſemblable à celle de
» la chair & ſang *. «

---

bleaux d'Apelle. On faiſoit grand cas d'une Vénus ſortant
de la mer, nommée *Anadiomène*, que l'Empereur Auguſte
fit mettre dans le Temple de ſon père. Celle dont parle
Cicéron, ſurpaſſoit la première, tant pour la force du deſſein, que par la beauté du coloris. C'eſt d'elle qu'Ovide
dit, que ſi Apelle n'avoit pas peint la Vénus de l'Iſle de
Cos, elle ſeroit encore cachée ſous les flots de l'onde :

> *Si Venerem Coïs nunquam pinxiſſet Apelles,*
> *Merſa ſub æquoreis illa lateret aquis.*

La mort de ce grand Homme fut cauſe que l'ouvrage
demeura imparfait. On le trouvoit ſi beau, que perſonne
n'oſa l'achever. Entre les Tableaux, dont Rome faiſoit le
plus de cas, ceux d'Apelle tenoient le premier rang.

* *Dicemus ergò idem, quod in Venere Coa. Corpus non*

Telle est, dans les Poëtes de l'ancienne Rome, la description de la plus belle peau que l'on puisse voir. On admire sur-tout celles de Lavinie, dans Virgile*; du Narcisse d'Ovide**, & de l'Apollon de Tibulle***.

---

est, sed simile corpori; nec ille fusus & candore mixtus rubor sanguis est, sed quædam sanguinis similitudo. De Nat. Deor. L. 1.

* On vit, dit Virgile, une agréable rougeur se répandre sur les joues de l'aimable Lavinie. Les lys & les roses étoient peintes sur son visage :

> *Accepit vocem lacrymis Lavinia matris*
> *Flagrantes perfusa genas ; cui plurimus ignem*
> *Subjecit rubor, & calefacta per ora cucurrit :*
> *Indum sanguineo veluti violaverit ostro*
> *Si quis ebur, aut mixta rubent ubi lilia multâ*
> *Alba rosâ. Tales virgo dabat ore colores.*

Æneid. L. 12. v. 69.

** Un beau mélange de rouge & de blanc fondus ensemble, étoit répandu, dit Ovide, selon leurs diverses gradations, sur les joues du jeune Narcisse. Son cou étoit aussi blanc que l'yvoire, & sa bouche vermeille comme une rose :

> *Impubes genas, & eburnea colla, decusque*
> *Oris, & in niveo mistum candore ruborem.*

Metam. L. 3. v. 423.

*** La blancheur de son visage, dit Tibulle en parlant

Il semble que ce soit sur ces descriptions
charmantes, que le Titien a formé son
coloris. On vante sur-tout sa Vénus dor-
mante. C'est un chef-d'œuvre qui renferme une infinité de beautés que les Connoisseurs ne se lassent point d'admirer.
Tout ce que l'on a écrit de la beauté d'As-
pasie, tout ce qu'on a pris plaisir de dire
des joues de la belle Isménie, n'approche
point de ce que ce grand homme a repré-
senté dans cette belle dormeuse. On re-

---

d'Apollon, avoit le même éclat que celle de la Lune, &
des teintes d'un beau vermillon étoient répandues sur son
corps, blanc comme la neige. Un rouge vif, semblable à
celui qui colore les joues d'une jeune fille que l'on amene à
son jeune époux, animoit les siennes. C'étoit un mélange
semblable à celui que font des Bouquetières, en mariant l'A-
maranthe au Lys, ou à celui des Pommes en maturité :

> *Candor erat, qualem præfert Latonia Luna,*
> *Et color in niveo corpore purpureus :*
> *Ut juveni primùm virgo deducta marito*
> *Inficitur teneras ore rubente genas :*
> *Ut quum contexunt Amaranthis alba puellæ*
> *Lilia, & Autumno candida mala rubent.*

> L. 2. El. 3. V. 11.

marque ſur ſon viſage ce beau mélange
de blanc & d'incarnat, qu'Ovide compare
aux pommes & aux raiſins qui commencent
à mûrir.

On ne doit point être ſurpris que les
couleurs faſſent tant d'impreſſion. Leur
vivacité naturelle eſt frappante. Broyées
enſemble & mêlées artiſtement, leur variété frappe, étonne, attache. L'imagination
échauffée trouve alors mille charmes &
mille appas dans cet air de ſanté, que la
figure annonce, & qui ajoute infiniment
à la beauté. On peut même dire que c'eſt
lui qui fait valoir les charmes du coloris ;
& que ſans lui, toutes les beautés qui
avoient ſurpris d'abord, diſparoiſſent en
quelque ſorte, & ne laiſſent qu'une légère
impreſſion. C'eſt le ſentiment de Cicéron.
» L'agrément & la beauté du corps ſont,
» dit-il, inſéparables de la bonne ſanté *. «

---

* *Venuſtas & pulchritudo corporis jecerni non poteſt à
valetudine.* De Offic. L. 1. c. 95.

Pour

Pour ce qui regarde le coloris du vifage en particulier, c'eft la variété des
couleurs qui en fait la plus grande beauté. Cette partie du corps humain a été
formée par la Nature, pour raffembler
une infinité de différentes couleurs. Elles
fe prêtent, par leur oppofition, un fecours
mutuel ; quoique variées à l'infini, elles
fe réuniffent par des paffages infenfibles, &
leur accord fait le même effet que l'harmonie muficale.

Vous vous moqueriez de moi, fans
doute, fi je vous difois que ce qui fait
une belle foirée d'Eté, fait un beau vifage. Quels objets de comparaifon, diriez-
vous ? Ce n'eft cependant point un paradoxe, & je crois que vous conviendrez de
la jufteffe de la comparaifon, fi vous avez
la complaifance d'entendre l'explication de
ma penfée.

La beauté d'une belle foirée vient de la
variété des couleurs, qui font répandues
fur la furface des Cieux. Le Soleil brillant

M

qui fe couche , ces nuages d'un rouge-
tendre qui fe perd dans le blanc, contraf-
tent avec des teintes plus brunes , & dé-
couvrent, dans de petits intervalles, l'azur
de la voûte célefte. Ce fpectacle attire
vos yeux & touche votre cœur : mais le
teint d'une jolie Payfanne peut vous offrir
à-peu-près le même fpectacle. Vous êtes
frappé & agréablement furpris à la vûe
d'une belle femme. Elle vous fait naître
des fentimens vifs & doux. Ignorez-vous
la caufe de cette aimable émotion ? Pre-
nez la peine de l'étudier. Vous connoîtrez
que c'eft de la variété des couleurs que
proviennent ces appas qui vous charment,
& qui vous enchantent. Il n'eft en effet
aucune beauté , quelque frappante qu'elle foit, qui ne prenne naiffance dans les
couleurs de la chair , dans le vermillon
& le clair-obfcur, dans ce beau bleu qui
repréfente les veines qu'on apperçoit près
des tempes & du bas du vifage, & qu'em-
belliffent encore l'ombre formée par les

fourcils & par les cheveux qui relevent l'é-
clat du tout.

Ceux qui ont le mieux réuffi à peindre
des payfages, ont d'ordinaire choifi l'Automne. Ils ont préféré la variété, le choix,
l'oppofition & la richeffe des couleurs, à
la fraîcheur & à l'uniforme vivacité du
Printems.

» Il paroît, CRITON, par ce que vous
» venez de dire, que vous préférez une
» belle Brune à la Blonde la plus parfaite. «

Je n'ignore pas, MILESIUS, que chaque efpèce de beauté a fes partifans. Mais
plus je réfléchis fur leurs différences, & fur
les effets qu'elles produifent, plus je me per-
fuade que la Brune l'emporte fur la Blonde.
Un brun vif donne un luftre aux autres couleurs, de la vivacité aux yeux, une noble
fierté dans les regards & dans tous les
traits du vifage : attraits qu'on chercheroit
en vain dans la peau la plus blanche & la
plus tranfparente que l'on puiffe imaginer.
La plus belle Madone de Raphaël eft une

brune. Celles qu'il avoit faites auparavant,
& qui ne font pas de la même force, font
plus blanches, & par cette raifon moins
piquantes.

Les meilleurs Artiftes qui parurent dans
l'âge d'or de la Peinture*, ont employé
les couleurs les plus riches & les plus fon-
cées. Il y a même lieu de croire que le
coloris vif & éblouiffant du Guide a prépa-

---

* On fixe la naiffance du fecond âge d'or de la Peinture
en Italie, vers le quinziéme fiécle, fous le Pontificat de
Jules II. & de Léon X. Dans ces temps-là parut *Raphaël
Sancio*. Ce fameux Peintre furpaffa tous ceux qui l'avoient
précédé. Les ouvrages de *Léonard de Vinci*, du Frère *Bar-
thelemi de Saint-Marc* & de *Michel-Ange*, lui firent une
telle impreffion, qu'il changea la manière du Perrugin qu'il
avoit eu pour maître. Parmi plufieurs Tableaux qu'on a de
lui, on admire fon Ecole d'Athènes. La riche compofition
de ce Tableau étonne autant qu'elle enchante : tout y eft
grand, tout y eft noble & frappant. Sa fameufe Madone,
dont j'ai parlé ci-deffus, eft dans le Cabinet du Duc de
Parme.

On compte dans le même fiécle le *Titien*, le *Corrége*,
Michel-Ange, *Jules Romain*, & plufieurs autres grands
Hommes, dont les ouvrages feront eftimés tant qu'on aura
du goût pour le grand & pour le beau.

ré la chûte de cet Art en Italie , & que l'affoiblissement des couleurs introduit par Charles Maratte a causé son déclin.

J'ai encore une observation à faire sur une infinité de choses qu'on ne comprend pas ordinairement dans l'article du coloris , & qui peuvent cependant y entrer. Telle est, par exemple, cette douceur veloutée de certaines peaux ; cette rougeur humide ; cet air de Magdelaine*, venant de pleurer, ou plutôt dont on voit encore couler les larmes ; ce brun lissé de che-

---

* Cet air touchant , dont je veux parler , a été très-bien exprimé par la plûpart des grands Peintres dans leurs Magdelaines. Si l'on ne voit pas couler des larmes de leurs yeux , une certaine rougeur humide fait comprendre qu'elles ont beaucoup pleuré. C'est ce qu'on remarque sur-tout dans la Magdelaine de le Brun , qui se voit à Paris dans l'Eglise des Carmelites de la rue du fauxbourg S. Jacques. Celles du Titien font l'admiration des Connoisseurs en Italie : on regarde celle qui est au Palais Barberigo à Venise , comme son chef-d'œuvre. Rose-Alba n'a point fait de difficulté de dire , en parlant de cette belle Pleureuse , qu'elle pleuroit jusqu'au bout des doigts : *It wept all over* , suivant l'expression Angloise.

veux flottans fur des épaules d'albâtre ; ce luftre de la fanté ; cette vive impreffion de lumière qui fort de certains yeux ; ce feu liquide de quelques autres ; tous ces traits font fi fupérieurs aux beautés ordinaires du coloris, qu'ils participent en même temps & à l'expreffion des paffions & à l'intelligence des couleurs.

La feconde partie qui concourt à former la beauté, c'eft la forme. Elle ne réfulte pas moins de la tournure de chaque partie, que de la fymétrie du tout. L'attitude y entre auffi. Par attitude, j'entends la pofition & l'arrangement de chaque partie. Telle eft, par exemple, la manière de tourner la tête, d'étendre les bras, de placer le pied, &c. Elle s'étend même jufqu'au tour des fourcils, & à l'accompagnement des cheveux.

On peut dire avec Cicéron, que c'eft dans la proportion, dans l'union & l'harmonie de toutes les parties du corps que confifte la beauté de la forme & de la taille

de l'homme & de la femme *. Or cette régularité, cette proportion naît de la vérité
& de la noblesse des inflexions, suivant M.
Hogart, dont j'emprunte cette importante
réflexion.

Ce Peintre célèbre qui a si long-temps
étudié la Nature, dans son *Analyse de la
beauté*, considère tous les corps comme
revêtus d'une enveloppe fort mince, &
celle-ci comme un assemblage de filets.
C'est de la disposition de ces filets que dépend la beauté des diverses formes.

Ces filets sont ou des lignes droites ou
des lignes courbes. Les lignes droites, qui
sont les plus simples, n'ont d'autre variété
que celle de leur longueur. Les corps uniquement composés de pareilles lignes, ne
sçauroient occuper long-temps l'esprit, &
présentent nécessairement quelque chose
de roide, de sec & d'ennuyeusement uni-

---

* *Pulchritudo corporis aptâ compositione membrorum
movet oculos & delectat hoc ipso, quòd inter se omnes par-
tes quodam lepore consentiunt.* De Offic. L. 1. c. 91.

M iv

forme. Auſſi les ſubſtances terminées de cette manière ſont inanimées , & n'ont pas même la vie des végétaux. Lorſque les contours formés par ces lignes ſont paral‑lèles , la régularité parfaite de leurs diver‑ſes parties augmente cette identité déſa‑gréable. Parmi les ſolides rectilignes , il n'y en a point de plus variés , ni par con‑ſéquent de plus beaux à la vûe , que les pyramidaux ; & parmi ceux-ci les trian‑gulaires , ou du moins ceux dont les côtés ſont en nombre impair , méritent la préfé‑rence. De-là vient l'avantage des ſtatues équeſtres , & l'attention qu'ont eu les Sculpteurs d'élever plus ou moins leur groupe en forme pyramidale. C'eſt ce qu'on remarque dans le fameux Laocoon. Les Artiſtes ont mieux aimé diminuer la ſtature des deux jeunes gens que les Serpens enveloppent , que de ne pas mettre entre eux , une gradation ſi agréable à la vûe.

Les lignes du ſecond genre peuvent va‑rier dans leur courbure de même que dans

leur longueur. Elles produifent, par conféquent, de plus belles formes que les premières. On s'en fert avec avantage dans
les colonnes, dans les vafes & dans les
divers autres ornemens. L'ovale l'emporte
autant fur le cercle, que le triangulaire
fur le quarré, ou la pyramide fur le cube.
La combinaifon des lignes droites avec
les courbes, fournit une fource de varié-
tés.

On admet deux fortes de lignes courbes : les unes font ondoyantes ou des lignes d'inflexion ; les autres font ferpentines, ou, fi j'ofe hafarder ce terme, des
lignes de circonflexion. L'élégance des
lignes ondoyantes fe fait voir dans les pieds
de nos chaifes & de nos tables, dans la
forme de nos cloches, dans les moulures
des colonnes, &c.

Quoique toutes ces lignes foient belles,
elles le font inégalement dans la fuite des
diverfes courbures. Il en eft une, qu'on
peut regarder comme tenant un milieu

entre le défaut & l'excès : on peut l'appeller la ligne précise de la beauté.

Une image sensible de la ligne ondoyante se trouve dans le corps des Dames. On en peut concevoir une suite, dont les premières, composées de lignes simplement droites & circulaires, conviendroient aux tailles appellées *tout d'une venue* ; & les dernières, dont les contours ont de trop fortes inflexions, caractériseroient les personnes contrefaites. Entre les deux extrêmes, qu'on peut désigner par 1 & 7, se trouve le corps de la forme la plus parfaite. Comme le degré 2 de l'échelle convient le mieux aux hommes, selon M. Hogart, & le degré 4 aux femmes, la Nature doit avoir accordé au beau sexe une supériorité marquée sur les hommes, du côté de la forme. Il n'appartient nullement à notre sexe de disputer cette préférence. Si l'homme se glorifie d'être le plus parfait des animaux, par la noblesse & la variété de ses inflexions, la femme peut se flatter de l'emporter sur lui par la précifion des contours, par la délicateffe des liaifons, par la foupleffe & la tranfparence de la peau.

La beauté de la forme de la femme eft donc différente de celle de l'homme. Celle-ci confifte dans la force & l'agilité ; la douceur & la délicateffe font le caractère diftinctif de la première.

Rien ne repréfente mieux la beauté de la forme du beau fexe, que la Vénus de Médicis. On voit dans l'Hercule du Palais Farnèfe , la force de l'homme ; & l'Apollon du Belvédère repréfente l'autre caractère propre de l'homme, qui eft l'agilité.

Il n'y a rien dans cette dernière ftatue, qui ne mérite une attention particulière. Tout y eft grand, tout y eft noble : il y a même quelque chofe de célefte & de tranfcendant ; *il foura umano*, dit l'Italien après les Poëtes *. Tout ce que les Artiftes mo-

---

* *Forma nifi in veras non cadit illa Deas.*

Ovid. Ep. 18.

dernes les plus habiles ont fait de plus parfait, lui eſt beaucoup inférieur : elle a un certain air de divinité qu'on ne remarque dans aucun ouvrage. Parmi les Poëtes anciens, on n'en trouve quelques rayons que dans Homère & Virgile ; & parmi les modernes, dans Shakeſpéar & Milton.

Revenons aux formes humaines. Qu'elles l'emportent ſur le coloris, c'eſt ce qui paroît par l'impreſſion ſupérieure que font ſur l'ame les ſtatues de Rome, où l'on trouve une Collection des Ouvrages les plus achevés en ce genre : impreſſion qui ne peut être égalée par celle que produiſent les plus magnifiques tableaux.

» A peine, dit Stace d'un jeune Athlète qui paroiſſoit pour la première fois dans le Cirque, » à peine, après l'avoir attendu » long-temps, on le vit paroître, qu'il fit » l'admiration de tous les Spectateurs. Mais » dès qu'il eût quitté ſes habits, la belle » proportion de ſes membres fit diſparoî- » tre les agrémens de ſon viſage : les Spec-

» tateurs ne furent plus occupés qu'à con-
» sidérer la richesse de sa taille noble &
» majestueuse *. «

La Vénus de Médicis vous fait éprou-
ver quelque chose de semblable. Si vous
n'examinez que la tête, vous y trouverez
des graces infinies ; mais si vous parcou-
rez toutes les beautés que présente la noblesse de sa taille, les traits du visage ne
sont plus si frappans. La quantité prodi-
gieuse de charmes répandus par tout son
corps, fait oublier, pour ainsi dire, ces
traits admirables, qui avoient étonné d'a-
bord.

On peut étudier, dans les ouvrages des
grands Maîtres, l'harmonie & la régularité
des formes & des diverses parties du corps.
Mais comme cette étude suppose quelques
connoissances, voyons, avec Félibien**, les

---

* *Latuitque in corpore virtus.*
Thebaïd. 6.

** Entretiens sur la Peinture, *Tome II. Entret. III.*

parties du corps qui contribuent le plus à la beauté de la forme.

La tête, la première & la plus noble de toutes les parties, doit être d'une forme presque ronde. Celles qui font pointues, comme la tête de Thersite dont Homère décrit les défauts, font difformes. Selon Lysippe, excellent Sculpteur, les petites têtes ont meilleure grace que les grosses.

Le front, pour être beau, doit être d'un blanc lumineux. Sa forme ne doit être ni trop plate, ni trop élevée. Il a des graces infinies, lorsqu'il s'arrondit doucement des deux côtés, qu'il paroît uni, & qu'il est fans rides & fans tache.

Des cheveux longs & épais font beaux*:

---

* Les cheveux font le plus bel ornement que la tête puisse recevoir. Homère nomme toujours, par distinction, la Beauté pour laquelle il arme toute l'Afie : *Hélène à la belle chevelure.*

On varie beaucoup fur la couleur des cheveux. Les Anciens estimoient les blonds, & les attribuoient à Bacchus,

ils feroient un fort mauvais effet, s'ils def-
cendoient fur le front fi bas, qu'il en fut
caché. Lucien, voulant repréfenter les
cheveux d'une femme laide, remarque
qu'ils étoient courts, plats, & comme col-
lés fur fon front. Sans difputer ici de leur
couleur, on peut dire en général, que les
noirs font paroître davantage la blancheur
du cou & de la peau, parce que les couleurs claires ont meilleure grace auprès
de celles qui font plus obfcures. Ce contrafte des unes & des autres, donne un
merveilleux éclat à un beau vifage.

Léda & Panthée, qui étoient deux beautés célèbres, avoient les cheveux noirs,
felon Ovide.

Les yeux, qui font la partie la plus pré-
cieufe de tout le corps, font beaux *, lorf-

à Vénus, à Apollon. Les François aiment les blonds, les
noirs & les châtains. Les Italiens n'eftiment que les blonds
dorés.

* Les yeux ont de la force & de la vivacité, quand l'or-
be principal eft d'un blanc tirant un peu fur le gris-de-lin,

qu'ils font noirs, châtains ou bleus ; mais d'un bleu foible : s'il eft trop fort & azuré, ils font difformes. Ils doivent encore être clairs, nets, vifs, grands & bien coupés ou fendus.

Les fourcils doivent commencer près du nez, & venir fe courber doucement en forme de demi-cercle jufqu'à l'angle extérieur de l'œil. Ils doivent être épais vers le milieu, & diminuer aux extrémités. Les noirs ont beaucoup de grace fur un front blanc. On a de l'averfion pour ceux qui font roux.

Les joues font belles, lorfqu'elles font arrondies par un jufte embonpoint, ou qu'elles font pleines ; lorfqu'elles ont de la fermeté ; qu'on y découvre un beau mélange de rouge & de blanc ; qu'on y remarque de la gaieté, jointe à un certain

---

mais fi peu que cela ne paroiffe prefque pas, & lorfque le milieu de la prunelle eft noir & luifant. Ce contrafte de clair & d'obfcur produit ce brillant & cette grace que l'on remarque dans les plus beaux yeux.

éclat

éclat qui procéde de la blancheur & de la fraîcheur du teint.

Les oreilles, pour fervir d'ornement à la tête, doivent être d'une grandeur mé-diocre. Les petits tours & les replis doi-vent être colorés d'un rouge agréable, principalement à l'endroit le plus relevé. Élien décrivant la beauté d'Afpafie, dit qu'elle avoit les oreilles courtes ; & Mar-tial met au nombre des difformes, celles qui font trop longues.

Un nez droit & quarré, qui divife le vifage en deux parties égales, de forte qu'on voye les yeux pofés dans une jufte diftance, eft regardé comme le plus beau ; fur-tout s'il eft taillé de façon qu'il s'éleve un peu vers le milieu. On eftime auffi un nez aquilin. Platon le nomme par excel-lence, *nez royal*. On blâme & on appelle *nez de perroquet*, ceux qui fe courbent tout d'un coup & avec difformité.

La bouche, pour être belle, doit être plus petite que grande. Il doit y avoir une

N

jufte proportion entre la grandeur de fon ouverture & la forme des lévres, qui doivent être bien tournées, petites, délicates, & peintes d'une couleur vive. Elle eft difforme, lorfqu'elle eft trop grande, & que les lévres font petites, groffes & pâles. On compare une belle bouche à une rofe qui commence à s'épanouir. Elle eft d'une beauté achevée, fi, en s'ouvrant, on y apperçoit de belles dents : ces petits os font un effet merveilleux, lorfqu'ils font blancs, unis & bien rangés.

Lucien, faifant le portrait de Panthée, dit que, lorfqu'elle fe mettoit à rire, elle découvroit des dents extrêmement blanches, bien faites, & d'une telle égalité, qu'elles fembloient un rang de perles, dont le luftre tiroit un grand avantage du vermeil de fes lévres.

Le menton, partie confidérable, contribue beaucoup à la beauté du vifage. Il doit être d'une grandeur médiocre, d'une chair délicate & blanche, d'une forme ronde, &

non pas pointue ou quarrée, ce qui seroit une difformité.

Le cou est beau, lorsqu'il est droit, plein de chair & flexible. On estime ceux qui sont blancs, qui ont de la délicatesse, qui sont plus menus près de la tête, qui s'élargissent doucement vers les épaules, & qui ne sortent pas du corps droit comme un pieu. Le cou doit être plutôt long que court. Tibulle parlant d'Hélène, dans une de ses Elégies, dit que ses beaux cheveux relevoient la beauté de son corps, en tombant négligemment sur ses épaules, & celle de son cou, qui, selon lui, étoit long *.

La peau doit être blanche, délicate & animée **.

---

* *Intonsi crines longâ cervice fluebant.*

** Un jeune homme, d'une condition distinguée, doit avoir le corps blanc & délicat. Tel est l'Adonis que Vénus arrête dans le Tableau du Titien. Un homme adonné à des exercices pénibles, doit avoir la chair plus haute en couleur. Un vieillard doit paroître plus maigre & plus déchar.

Les épaules des hommes doivent être larges & marquées, parce qu'elles dénotent ordinairement la force & la beauté de la taille. Celles des femmes doivent être plus blanches, moins larges & plus délicates que celles des hommes.

Les bras des femmes font beaux, lorsqu'ils font ronds, fermes, blancs & couverts d'une peau déliée, particulièrement depuis le coude jusqu'à la main. Ceux des hommes doivent être nerveux, fur-tout dans la partie d'entre l'épaule & le coude, qu'on appelle *le petit bras*, & aux endroits que les Latins nomment *lacerti*. Les Poëtes ont loué fur cela la force qui paroît dans l'Hercule du Palais Farnèfe. Dans les jeunes gens, la force du bras paroît par la fermeté d'une chair un peu animée, & par l'apparence des nerfs & des mufcles, qui doivent cependant être marqués tendrement.

---

né qu'un homme de vingt à trente ans: il doit avoir auffi la peau plus brune & plus feche.

La main doit fe joindre infenfiblement au bras, comme dans la Vénus de Médicis. Elle doit être longue & délicate ; il n'y doit paroître ni fécheréffe, ni dureté, foit à l'endroit des nerfs, foit dans les jointures, foit aux endroits où font les veines. La blancheur de la main ne peut être belle, fi elle n'eft relevée d'une couleur vermeille, fur-tout dans le creux de la main & au bout des doigts.

On regarde comme de beaux doigts ceux qui font un peu rouges, longs, de forme prefque ronde & couverts de chair, fans être ni trop gras, ni trop fecs. Les plus beaux font menus par le bout, & terminés par des ongles un peu longs, arrondis & tranfparens.

La gorge, qui fait un des principaux agrémens des femmes, eft le charme des yeux qu'elle attache, & femble appeller les regards. Pour être belle, les deux parties qui la forment doivent être égales en rondeur, en blancheur & en fermeté. C'eft un défaut dans la gorge, d'être trop haute ou trop baffe. Elle a mille charmes, lorf-qu'elle s'éleve infenfiblement , comme deux petites collines féparées par un jufte efpace qui les empêche de fe toucher. Dans la Vénus de Médicis & dans la Ga-lathée de Raphaël , le fein eft ainfi par-tagé. Le mouvement régulier d'une belle gorge a des graces qui féduifent & en-chantent l'œil. On fçait l'effet que produi-fit celle de Phriné. Cette Courtifane, accu-fée d'impiété , comparut devant le Sénat d'Athènes. Hypéride , qui la défendoit , voyant que, ni la force de fes raifonnemens, ni tout ce que l'éloquence a de plus tou-chant , ne faifoit point d'impreffion fur fes Juges, lui fit adroitement découvrir fa gor-ge : ce puiffant moyen eut un prompt fuc-cès. Ceux qui avoient réfifté à l'éloquence de l'Orateur & aux larmes de la belle Sup-pliante, furent fi tranfportés de la beauté de fon fein , & tellement épris de fes charmes, qu'ils lui accordèrent la vie.

Les côtés, dans le beau ſexe, doivent être longs, & les hanches plus larges que les épaules. Dans les hommes, au contraire, les épaules doivent être plus larges que les hanches.

Les cuiſſes d'une belle femme doivent être fermes, pleines de chair, & diminuer peu-à-peu, en venant s'attacher au genou : on y veut ſur-tout de la rondeur*.

Un genou eſt beau, lorſqu'il eſt rond, uni, bien tourné.

Les jambes blanches & preſque rondes, ſont belles, ſur-tout ſi le mollet eſt un peu renflé, & s'il empêche qu'elles ne paroiſſent trop droites. On eſtime beaucoup une jambe fine & déliée.

Pour garder une juſte ſymétrie & faire une beauté parfaite, le pied doit être petit : c'eſt un goût de tous les temps. Ovide

---

* Il ne faut pas qu'il y ait dans les cuiſſes & dans les jambes des hommes tant de rondeur & de délicateſſe : on veut y voir des muſcles & des nerfs, qui marquent la force & la vigueur.

faifant le portrait d'une belle femme, dit qu'elle avoit le pied petit *.

L'arrangement des doigts du pied, n'eft pas ce qu'il y a de moins admirable dans une belle jambe. Ces doigts, joints les uns aux autres & diminuant peu-à-peu de grandeur, ont vifiblement été difpofés de cette manière, tant pour l'ornement du pied, que pour lui donner plus d'affiette & faciliter la marche **.

Toutes ces parties nous enchanteroient, fi on pouvoit les confidérer attentivement. Il eft vrai que la modeftie exige que le fexe en dérobe une partie à nos yeux. Mais combien de beautés cachées & défigurées par des parures auffi mal entendues qu'inutiles !

Vous voyez ce chêne droit & élevé :

---

* *Pes erat exiguus.*

** La manière dont les doigts font arrangés, facilite beaucoup le mouvement des pieds en marchant. Il feroit impoffible de courir, fi les doigts des pieds ne preffoient auparavant la terre, s'ils n'y trouvoient un point d'appui, qui donne du reffort au corps & nous aide à nous élancer.

l'admireriez-vous, si un édifice en pente environnoit son tronc, & si une partie de sa tête étoit ombragée de deux ou trois morceaux de toile? Pourriez-vous juger alors s'il est bien ou mal fait? Beautés, reconnoissez votre erreur, en examinant votre parure. Elle nous empêche de juger de la beauté de votre taille & de la symétrie que la Nature a observée dans la formation de votre corps.

Que deviendroient les agrémens de la Vénus de Médicis & de l'Apollon du Belvédère, si, comme aux fêtes des Dieux, ces statues étoient enveloppées d'étoffes, ou couvertes d'habillemens tels que les nôtres?

Notre-Dame de Lorette, avec son grand panier, son or & ses pierreries, ne présente aucune forme : il en est de même de la plûpart des femmes. Au moyen de leurs habits & de leurs parures, il importe peu qu'elles soient bien ou mal faites.

Non-seulement nous cachons une partie des beautés dont la Nature nous a pourvus, mais souvent par nos soins nous les changeons en défauts. A peine un enfant est-il né, qu'on le garotte étroitement & qu'on l'enveloppe de langes, comme ces anciennes Momies d'Egypte. Il a beau marquer, par ses cris, la gêne qu'il éprouve, & par sa joie, les instans où il est libre : rien ne touche la vieille imbécille qui gouverne ses premiers jours. Hommes faits, les ligatures de nos bras, de nos jambes, de notre corps, interrompent la circulation de nos humeurs.

On ne s'en tient pas là pour les filles : on les fait beaucoup plus souffrir. On les enferme, dès leur enfance, dans une boëte de baleine, soutenue par une croix de fer, qui met leur corps à la torture. A force de contrainte, on donne à leur taille une disproportion que la Nature désavoue.

J'ai plusieurs fois entendu dire à de bons Observateurs, qu'ils n'avoient vû dans notre Europe aucune femme qui n'eut quel-

que irrégularité dans la taille. D'autres,
au contraire, qui ont voyagé dans l'Afrique & dans les Indes, assurent qu'ils n'ont
remarqué aucun défaut de proportion
dans toute l'habitude des Négresses. Cette
différence vient, sans doute, de ce que
dans ces pays-là les femmes se laissent former par la Nature, & qu'en Europe on arrête ses effets.

Les deux autres parties qui composent
la beauté, sont l'expression & la grace. La
première convient à toutes les physiono-
mies ; mais la grace se trouve dans peu de
personnes.

Par expression, j'entends celle des passions, c'est-à-dire, la variété de nos pensées, la diversité de nos désirs, qui souvent se manifestent & deviennent visibles
par nos regards & par nos gestes.

Tout est expressif dans l'homme. Je ne
crois pas qu'il y ait quelque partie de son
corps qui n'exprime, en toute occasion,
les pensées de son cœur & les mouvemens

de fon ame. Si on fuivoit une femme dans fes geftes, fes attitudes & fes manières, on la devineroit aifément : on verroit ce que fignifie un bras qui tombe négligemment, ou qu'elle étend avec violence. Qu'on examine attentivement le fameux groupe de Laocoon, on verra la douleur exprimée dans l'attitude des doigts d'un de fes fils, comme elle l'eft dans les orteils du Gladiateur mourant.

Nos habits & les bienféances tiennent fouvent cachés les fentimens de notre cœur, & nous empêchent de manifefter nos penfées, quand même nous voudrions les faire connoître. Mais on peut aifément fe confoler de cette perte : les paffions fe manifeftent affez fur le vifage. Les hommes n'ont pu jufqu'à préfent fe contrefaire, jufqu'au point d'en impofer à ceux qui veulent fe donner la peine de les étudier.

Les parties du vifage que je regarde comme les plus fûrs interprètes des fentimens du cœur, font les yeux, les fourcils

& la bouche. Le fiége de l'ame eſt inconnu ; mais elle parle dans tous les yeux, &
ſon langage n'eſt point obſcur.

On ne doit point unir les ſourcils aux
yeux, ni les en faire dépendre : ils ont leur
langage à part, ſur-tout dans un viſage
vif & vermeil. On les voit varier, dans une
phyſionomie aimable, comme les paſſions
qui agitent & remuent le cœur.

Je me trouvai, il y a quelque temps,
avec une femme très-diſtinguée par la naiſſance & par la figure. Elle étoit en proie
aux noirs ſoucis & aux chagrins dévorans ;
mais en femme prudente, elle vouloit
en dérober la connoiſſance au Public. Ses
yeux ſoumis à ſes volontés, ne diſoient
que ce qu'elle leur permettoit d'exprimer ;
mais les ſourcils moins dociles, décéloient
les mouvemens de ſon cœur. Une fois,
entr'autres, je découvris dans la ligne qui
eſt au-deſſus des ſourcils, des penſées triſ-
tes, qu'elle prenoit grand ſoin de cacher.

Je ne vous en impoſe point, en attribuant un langage ſi clair aux ſourcils. De tout temps cette partie du viſage a été regardée comme un interprète fidèle des mouvemens du cœur & des ſentimens de l'ame. Homère en a fait le ſiége de la majeſté *. C'eſt-là que ſe montrent, dans Virgile**, la conſternation & l'abattement. » Otez, dit Horace, » le nuage de deſſus les ſourcils, » la modeſtie s'y manifeſtera ***. « C'eſt dans les ſourcils, ſelon Juvenal, que ſiégent l'orgueil & la vanité. » Je préférerois, dit-il, » une Payſane de la Poüille à Cornélie, » mère des Gracques, ſi, avec toutes ſes

---

* C'eſt de l'Iliade d'Homère que Phidias avoit emprunté ces idées nobles, grandes & majeſtueuſes, qu'il avoit ſi fortement exprimées dans ſa fameuſe ſtatue de Jupiter Olympien. Horace, d'après Homère, peint auſſi le Souverain des Dieux remuant tout l'Univers d'un ſeul mouvement de ſes ſourcils :

Cuncta ſupercilio moventis.

Od. I. Lib. 3.

* *Frons læta parum & dejecto lumine vultus.*

Æneid. Lib. 6.

*** *Deme ſupercilio nubem, &c.*

» vertus & ses grandes qualités, elle m'ap-
» portoit l'orgueil de sa race peint dans ses
» sourcils *. «

Les Poëtes ne sont pas les seuls qui donnent un caractère aux sourcils. Le Brun,
dans son *Traité des Passions*, dit : *qu'ils sont les
interprètes les moins équivoques des mouvemens
du cœur & des affections de l'ame.* Pline l'ancien, long-temps avant lui, pensoit la même chose. » C'est sur le front, dit-il, que
» se manifestent la joie, la tristesse, la clé-
» mence & la sévérité. Une partie de l'a-
» me réside dans les sourcils, qui se meu-
» vent au commandement de la volonté.
» Cette partie du visage est principalement
» le siége de l'orgueil. Il prend naissance
» dans le cœur ; mais lorsqu'il est conçu,
» c'est ici son poste **.

---

* *Malo Venusinam, quam te, Cornelia mater
Gracchorum, si cum magnis virtutibus affers
Grande supercilium.*

Sat. VI.

** *Frons tristitiæ, hilaritatis, clementiæ, severitatis*

Je n'ai parlé jufqu'à préfent, que des paffions en général ; je vais maintenant confidérer celles qui prêtent des charmes à la beauté, & celles qui l'altèrent.

On peut dire en général, que toutes les affections tendres & honnêtes ajoutent aux graces & aux charmes d'une jeune perfonne, & que les paffions cruelles & odieufes augmentent la difformité. Auffi rien ne releve-t-il plus les traits & les agrémens d'un beau vifage, qu'un certain air de droiture & de bonté.

L'amour, l'efpérance & la joie font la riante efcorte des plaifirs ; la honte, la crainte, les fombres foucis, les chagrins rongeurs font le cortége de la peine. Les premières affections donnent à la beauté, par leur douceur, un nouveau luftre & de

---

index : in afcenfu ejus fupercilia & pariter & alternè mobilia, & in iis pars animi. His negamuć, annuimus. Hæc maximè indicant faftum ; fuperbia alicubi conceptaculum, fed hic fedem habet : in corde nafcitur, hic fubit, hic pendet. Hift. L. 11. c. 37.

l'éclat :

l'éclat : les autres au contraire répandent sur la figure un certain sombre qui rembrunit le visage.

Il faut prendre garde de porter ces passions trop loin : elles ont des bornes qu'elles ne peuvent franchir. La modération est, peut-être, autant la régle de la beauté, qu'elle l'est de la vertu. Une joie excessive déplaît ; modérée, elle augmente toujours les graces & les charmes d'un beau visage. Et quels effets ne produisent point quelques degrés de chagrin, de colère, de honte, de surprise ou de crainte ?

Pour juger des effets qui résultent des passions tendres & douces, lorsqu'elles sont réglées par la modération, il ne faut que les comparer avec ceux que produisent ces mêmes passions portées à l'excès. Le contraste est du blanc au noir.

Un air de hauteur, d'impudence, de malice, d'envie, de jalousie & de cruauté suffit pour enlaidir beaucoup. Les passions noires, si révoltantes, effacent les traits les

O

plus réguliers. Dès qu'elles font apperçues, on ne fait plus d'attention à ce qu'une perfonne peut avoir d'aimable d'ailleurs.

L'union la plus parfaite des paffions, eft celle de la modeftie, de la douceur & de la fenfibilité. Chacune de ces qualités plaît feule, & leur affemblage eft le plus grand effort de l'expreffion ; réunies, elles touchent, enchantent, enlevent les cœurs.

Le caractère dominant de la Vénus de Médicis, eft la modeftie. Ses mains, fes regards, fon tour de tête, tout l'exprime. Cet air modefte paroît mieux dans les vifages de côté ; ce qui fait qu'ils plaifent toujours plus que ceux qui font vus de face. Auffi les grands Maîtres ont-ils ordinairement choifi ces profils. Cette attitude a mille avantages : le tour du cou a plus de grace ; les paffions en ont plus de force & d'activité.

C'eft ainfi que Milton a repréfenté Satan, lorfque jaloux du bonheur dont nos premiers parens jouiffoient dans le Para-

dis terrestre , il entreprend de les séduire.
» Il jette, dit-il, en se détournant, un coup
» d'œil envieux & malin sur nos premiers
» pères *. « C'est par ce demi-regard qne
se produit la plus tendre & la plus naturelle des passions, qui est l'amour. Deux
Amans se paroissent plus aimables l'un à
l'autre qu'au reste du monde ; & ils le sont
en effet, parce que leur physionomie peint
& leur affection & leur ame.

Les passions douces & tendres sont alors
exprimées naïvement sur leur visage sans
contrainte, sans gêne, & leur âge y passe
en quelque sorte. Leur sang échauffé peu-
à-peu par la douceur de leur entretien fait
naître, sur leurs joues, un vermillon qui
relève infiniment la beauté. La vivacité
peinte dans leurs yeux, est l'interprète des
mouvemens dont le cœur est agité. Leurs
gestes, leurs regards, & leur contenance,
tout annonce l'amour qu'ils ressentent. Se

----

* Parad. perdu Liv. IV.

trouvent-ils en compagnie, ils sont gênés; leur paffion alors & leur ame ne sont plus peintes avec des couleurs si vives.

Vous commencez, je pense, à voir combien l'expreffion des paffions eft pré-férable aux premières parties qui compo-sent la beauté; combien le plus ou le moins de vivacité, la bonne ou la mauvai-se humeur, produifent d'effets différens sur le même vifage.

Une beauté régulière ne suffit donc pas pour plaire. Il arrive même souvent qu'u-ne perfonne qui aura moins de régularité dans les traits, qui ne sera pas si bien prife dans sa taille, fera plus d'impreffion qu'u-ne Belle, qui n'a ni sentiment ni paffions. Un beau vifage qui ne dit rien, eft une belle figure de cire qui n'infpire rien auffi.

Il faut peu de chofe pour plaire. De la senfibilité dans les yeux, un regard vif, doux & tendre, un souris gracieux, triom-phent souvent de l'infenfibilité, & sou-mettent les cœurs les plus rebelles. Ce *je ne fçai quoi*, qui l'emporte quelquefois fur la beauté même, & qu'on a fi fouvent à la bouche, fans pouvoir le définir, a beaucoup de rapport avec la dernière partie dont il nous refte à parler, avec la *Grace*.

Néron, felon Suétone, avoit cette forte de beauté, qui frappe fans plaire. Pourquoi ? C'eft que la beauté de fes traits étoit effacée par la difformité des paffions noires exprimées fur fon vifage*.

Le cachet de la Médufe de Strozzi à Rome, fait voir ce que font fur les plus beaux yeux la rage & la méchanceté. Les paffions peuvent donc rendre un objet aimable, fans le fecours des couleurs & de la forme. Plus elles fe montrent fur le vifage, & plus leur union eft étroite, plus on y découvre de beautés. Ainfi, j'ofe le répéter, l'expreffion eft fupérieure à la forme & au coloris.

Pline autorife mon affertion, lorfqu'en

---

* *Vultu magis pulchro quàm venufto.*

parlant du fameux groupe de Laocoon &
de ses deux fils, il dit : *Qu'on ne voit rien à Rome de si parfait, & que ce morceau l'emporte
sur tous les monumens de Sculpture & de Peinture, rassemblés dans cette Capitale du monde**.
Ce morceau, tout admirable qu'il étoit,
n'avoit cependant pas la beauté du coloris qu'on admiroit dans les tableaux & dans
quelques statues qu'on voyoit à Rome. Ses
proportions ne pouvoient même surpasser
celles de l'Apollon du Belvédère, de l'Hercule du Palais Farnèse, ou de la Vénus de
Médicis ; mais il y avoit dans l'expression
plus de variété, plus d'ame.

Je l'ai déja dit : c'est dans les yeux que
les passions se manifestent le plus. Si vous
suivez leur mouvement, vous verrez qu'ils
font les fidèles interprètes des sentimens
du cœur. C'est dans cette partie que l'A-
mour fait entendre son doux langage, que

---

* *Opus omnibus & Picturæ & Statuariæ artis præferen-
dum.* Hist. Nat. L. 36. cap. 5.

la vertu commande avec empire ; que la modeſtie déploie ſes charmes ; que la joie brille ; que la douleur ſe peint d'une maniè-re touchante ; qu'enfin l'amour étincelle & brûle. C'eſt dans les yeux que la crain-te, le chagrin, la triſteſſe, la confuſion, la mélancolie, la langueur, étalent une infi-nité de charmes auxquels on ne peut ré-ſiſter.

Mais toutes ces paſſions ont des bornes qu'elles ne peuvent franchir, ſans déplai-re. Une vertu auſtère & farouche ; une mo-deſtie ruſtique, groſſière, affectée ; un air triſte, ſombre & mélancolique, ne plairont jamais. Semblables aux paſſions noires & cruelles, ces affections feront diſparoître toutes les nuances de beauté qu'on auroit vues ſur un viſage dont les traits ſont régu-liers & finis.

La dernière & la plus noble des ſour-ces de la beauté, c'eſt la Grace, & c'eſt auſſi la moins connue. On ſçait en géné-ral qu'elle exiſte ; mais quelle eſt ſa nature , en quoi confiste-t-elle ? C'eft un vrai myftère pour nous. Après une infinité de recherches & de définitions différentes, on eft réduit à convenir qu'on ignore précifé-ment ce que c'eft *.

On peut cependant dire en général , que la Grace, fur le vifage, dépend de mille petits riens , & dans les actions, de la manière plus que des chofes : auffi varie-t-elle continuellement. Un agrement eft à chaque inftant remplacé par un autre , qui difparoît à fon tour, avant qu'on ait pû le fixer : *Teneam quo Protea nodo ?*

Pour connoître la nature de la grace , il faut l'étudier dans les Ouvrages du Cor-rége, du Guide & de Raphaël. Il eft plus aifé de l'examiner dans ces tableaux que

---

* La grace , dit Erafme dans fon *Philodoxe* , eft un certain myftère qu'on ne peut développer. On admire tous les jours les effets d'une infinité de chofes qui nous fur-prennent , mais dont on ne fçauroit rendre raifon : *Deorum quoddam arcanum atque felicitas , cujus effectum videmus quotidiè , caufam verò reddere nemo poteft.*

dans les objets réels & vivans. Voulez-
vous sçavoir, par exemple, pourquoi certain degré de colère, répandu sur une physionomie où la douceur est peinte, devient
gracieux, & plaît infiniment ? Examinez
le Saint Michel du Guide, vous en décou-
vrirez mieux la raison dans ce superbe tableau, que sur le visage de la plus belle
femme.

La bouche est le principal siége des graces, comme les yeux le sont des mouvemens de l'ame. Qu'on examine, tant qu'on
voudra, tous les traits & toutes les parties
d'un beau visage, on n'en trouvera point
qui plaisent tant qu'une bouche gracieuse.
Vous êtes touché, séduit par les charmes
qui régnent autour de la bouche de certaines personnes, lorsqu'elles parlent, ou
qu'elles rient. Vous y voyez de temps en
temps, je ne sçai quel mouvement qui
tient du souris, mais encore plus séduisant.
Tantôt on découvre une fossette qui paroît
& disparoît sucessivement, & cette varia-

tion eſt peut-être elle-même la plus parfaite des graces.

Il y a des graces attachées aux différentes parties du corps & à ſes attitudes. Perſonne n'a mieux connu celles du viſage
que le Guide, Peintre beaucoup plus pro-
digue de graces, que la Nature ne l'a été.
La beauté des airs de tête dans toutes ſes
femmes le caractériſe, & le met, dans cette partie, au-deſſus de tous les autres Maîtres.

Le tour du cou a mille beautés qu'on
remarque aiſément, mais dont on ne peut
rendre compte.

Pour connoître juſqu'à quel degré les
bras & les jambes ſont ſuſceptibles de graces, il faut voir danſer une perſonne aimable. Je ſuis ſûr qu'on trouvera qu'elles
appartiennent autant à ces parties du corps,
qu'à la tête & au cou. Ce qu'il y a de plus
flatteur, dans les mouvemens des bras &
des jambes, ſe manifeſte dans la danſe.
Ovide, l'Albane & le Guide des Poëtes,

difent que Vénus avoit des graces même
en boitant, pour contrefaire fon mari *.

Les geftes, les manières & les actions
d'une femme aimable, ont des graces infinies. » Quelque chofe qu'elle faffe, dit un
autre Poëte, » de quelque côté qu'elle por-
» te fes pas, les Graces compofent fes
» mouvemens, fans qu'elle s'en doute, &
» la fuivent par-tout **. «

Cet air naturel rend fes graces encore
plus fenfibles. Sans doute elle cefferoit de
plaire, fi l'on remarquoit quelque chofe
d'affecté dans fon action & dans fes manières.

---

* *Nec Venus oranti (neque enim Dea mollior ulla eft)*
    Ruftica Gradivo difficilijve fuit.
Ah! quoties lajciva pedes rififfe mariti
    Dicitur, & duras arte vel igne manus !
Marte palam fimulat Vulcanum : imitata decebat ;
    Multaque cum forma gratia mifta fuit.

                 De Art. Amand.

** *Illam, quidquid agit, quoquo veftigia vertit,*
    Componit furtim, fubfequiturque decor.

                 Tibull. L. 4.

La chevelure a auffi des graces particulières bien remarquées par les Poëtes.
» Les cheveux d'Apollon, dit Horace,
» relevoient fes charmes*. «

Tibulle trouve des graces infinies dans
les habillemens de fa Maîtreffe, ou plutôt
dans fa manière de les ajufter. » Qu'elle
» arrange, dit-il, fes cheveux autour de fa
» tête, ou qu'elle les laiffe tomber négli-
» gemment fnr fes épaules, fa chevelure
» ajoute mille nouveaux charmes à fa beau-
» té. Elle enflamme également, parée de
» la pourpre de Tyr, ou dans un fimple
» deshabillé blanc. Semblable à l'agréable
» Automne, dont les ornemens font va-
» riés, il y a des graces attachées à toutes
» fes parures **. «

---

* *Crine decorum.......*
Intonfofque agitaret Apollonis aura capillos.

Horat.

** *Seu folvit crines, fufis decet effe capillis :*
Seu compfit, comptis eft veneranda comis.
Urit, feu Tyriâ voluit procedere pallâ :

Il est des personnes heureuses, dont toutes les manières nous plaisent, à qui toutes sortes de parures & d'ajustemens conviennent. On en voit d'autres dont les agrémens dépendent entièrement de la parure : celles-ci sont obligées de chercher, dans les ressources de la toilette, des graces que la Nature leur a refusées. C'est ce qui fait dire à Ovide, avec un peu d'irrévérence, qu'une femme est la moindre partie d'elle-même *.

On peut distinguer deux sortes de graces, qui sont en quelque sorte opposées ; l'une majestueuse & l'autre familière. Celle-ci appartient aux jolies personnes, & la première aux belles, ou aux femmes distinguées par leur sagesse & par leur vertu. La grace familière a quelque chose de plus

---

Urit, seu nivea candida veste venit.
Talis in æterno felix Vertumnus Olympo
Mille habet ornatus, mille decenter habet.

Lib. IV. Eleg. 2.

* *Pars minima est ipsa puella sui.*

féduifant: elle infpire le plaifir & la volupté. La majeftueufe infpire du refpect, & commande avec empire. Minerve avoit celle-ci, & l'autre fut toujours l'appanage de Vénus. On voit des perfonnes qui ont ces deux fortes de graces à des âges différens. Il s'en trouve même qui les poffédent en même temps. Quelquefois réfervées & férieufes, leur air majeftueux en impofe; d'autres fois enjouées, badines, elles femblent ne refpirer que le plaifir.

C'eft particulièrement au Théâtre, & furtout dans les danfes de caractère, que brillent & fe déploient les graces.

Milton a bien caractérifé ces deux fortes de graces. Il donne à Adam la majefté, & à Eve la dignité, mais principalement la douceur. C'eft auffi la penfée de Cicéron qui dit précifément la même chofe: c'eft-à-dire, *que la beauté convient à la femme, & la majefté à l'homme* *. Mais elle eft

* *Venuftatem muliebrem ducere debemus, dignitatem virilem.* De Offic. L. I.

mieux développée dans le Paradis perdu.
» Tous deux grands & bien faits, dit notre Poëte, » leur taille étoit noble & ma-
» jestueuse : il y avoit quelque chose de di-
» vin dans leur physionomie ; un air de
» grandeur & de majesté marquoit l'empi-
» re qu'ils avoient sur les autres animaux.
» Créés à l'image de leur divin Maître,
» leurs regards annonçoient la vertu, la
» sagesse, la sainteté, ces attributs insé-
» parables de la nature de leur Bienfai-
» teur.... Quoique sortis tous deux im-
» médiatement des mains du Créateur, ils
» n'avoient pas la même grace peinte sur
» le visage. Adam avoit un air noble &
» majestueux ; la douceur & la tendresse
» étoient l'appanage d'Eve. « Dans un autre endroit, il revient encore à la figure de
nos premiers Pères. » Leur forme, dit-il,
» avoit quelque chose de divin ; mais la fi-
» gure d'Eve l'emportoit sur celle d'Adam.
» On voyoit dans toute sa personne un
» air de bonté, de douceur & d'innocen-

» ce, qui ajoutoient infiniment à ses char-
» mes . . . . . Les graces composoient tous
» ses mouvemens, & marchoient sur ses
» pas : ses paroles, ses gestes, ses actions,
» son silence même, tout inspiroit l'amour
» & la tendresse. «

Quelque difficulté qu'il y ait à faire connoître cette dernière expression des passions & de la beauté, il y a cependant
deux choses à remarquer : 1°. qu'il n'y a
point de grace sans mouvement, c'est-à-
dire, sans quelque légère agitation du corps,
ou de quelqu'une de ses parties, ou de quelques traits du visage. C'est ce qui fait qu'Horace & le Chancelier Bacon nomment la
grace, un mouvement honnête & décent.
» Où fuyez-vous, aimable Vénus, dit Horace ? » Dans quels climats se retirent la
» beauté & la grace * ? «

Les expressions de Bacon ne sont pas

---

* *Quò fugit Venus, heu ! quove color ? decens*
. . . . Quò motus ?

Od. 13. Lib. IV.

moins

moins fortes. » La beauté de la forme &
» de la taille , dit-il , dans ses Essais civils
& moraux , » est préférable à celle de la
» couleur ; & celle de la grace , ou d'un
» mouvement honnête & décent , l'em-
» porte sur la beauté de la forme & de la
» taille. «

Virgile , pour exprimer la majesté de
Junon & les graces d'Apollon, se contente
de peindre leur démarche *, ou leurs mouvemens **.

Je crois même qu'il n'a point voulu faire
entendre autre chose , lorsqu'il dit qu'Enée
reconnut la Déesse , sa mère , sous son dé-
guisement , à son air seul , à son port ***.
Quelques Interprètes ont voulu trouver ici
du mystère ; mais la pensée du Poëte est
simple & sans ambiguité.

---

* *Ast ego quæ Divûm incedo Regina.*
Æneïd. L. I. 46.

** *Ipse jugis Cynthi graditur.*

*** *Et vera incessu patuit Dea.*
Ibid. Lib. I. 406.

P

Les plus habiles Artiftes ont toujours exprimé avec force, dans leurs ouvrages, le mouvement & l'action. Le plus frappant, eft l'Apollon du Belvédère : vu dans un certain éloignement, vous diriez qu'il s'avance vers vous.

L'action eft très-bien exprimée dans les tableaux des meilleurs Peintres. Le Guide s'eft diftingué dans cette partie : fes figures regardent ou les Cieux, ou la Terre, ou jettent de côté la vue fur quelque objet. Une tête dans l'inaction & fimplement appliquée fur un canevas, telles que celles des médailles du bas Empire, ou que celles des Goths, loin d'avoir de la grace, n'a pas même de vie.

D'ailleurs, & c'eft ma feconde remarque, point de grace fans convenance : c'eft-à-dire, qu'une chofe ou qu'une perfonne ne peut avoir de grace, fi elle n'eft pas dans fon caractère. Ce qui fied à une jolie femme, dégraderoit un air de majefté. La vivacité, qui donne des agrémens à la

jeuneſſe, augmente les difformités de l'â-
ge; & ce qui plaît dans un temps, eſt dé-
placé dans un autre. Cette union de la
convenance & de la grace a été exprimée
dans toutes les langues & dans tous les
âges, par des termes qui ont à-peu-près la
même ſignification *.

Quelques-uns penſent que la grace &
la convenance ſont la même choſe, ce que
je ne crois pas. On ſçait de reſte, en quoi
conſiſte la convenance d'un objet : mais
qui peut déterminer préciſément en quoi
conſiſte la grace **?

---

*Les ſynonymes, dont les Anciens ſe ſont ſervis en par-
lant de la grace & de la convenance, ſont, parmi les Latins, *pulchrum, decens, decorum*. Les termes, dont ſe ſervoient les Grecs, ſignifient la même choſe.

** M. Hogarth, le Peintre le plus ſpirituel & le plus ſa-
tyrique de l'Angleterre, s'il n'eſt pas le plus correct, publia & donna au Public, en 1753, un petit Traité qui a
pour titre : *Analyſe de la Beauté*. Il prétend faire voir de
quelles parties & comment les formes qui plaiſent doivent
être compoſées. C'eſt, ſelon lui, de la combinaiſon des
lignes droites avec les courbes que réſulte la beauté ou la
difformité de la taille. Cette combinaiſon forme des lignes

La grace & la convenance ne font donc

---

ondoyantes ou d'inflexion , qui ont toutes leur beauté ,
mais dans des degrés différens , & fuivant leurs diverfes
courbures. Il y en a une qu'on peut regarder comme tenant
le milieu entre ce défaut & l'excès ; & c'eft la ligne précife de la beauté. Après avoir trouvé ce modèle , ou le
corps qui conviendroit à la Vénus de Médicis , appliquons
au haut du lacet , qu'on y fuppofe , un ruban qui tourne autour de la taille , & vienne fe rendre à l'extrémité de la
pointe : il fe formera une nouvelle ligne , qu'on peut appeller *ligne ferpentine* , ou de *circonflexion* , & c'eft la feule
qui mérite le nom de *Ligne des graces*. Du défaut , ou du
nombre de ces lignes ferpentines , dépend ou la laideur ou
la beauté..............Les lignes des graces ne fe montrent dans aucun endroit , avec tant d'avantage , que fur
le vifage, où tout n'eft qu'inflexion. On ne fçauroit appliquer
un fil d'archal fur quelque partie que ce foit de la tête antique , qui a fervi de modèle à Raphaël & aux grands Peintres, fans lui donner la figure ferpentine. Perfonne n'a peut-
être mieux profité que le Corrége , dans fon Ixion em-
braffant une nuée , au lieu de Junon , des lignes ferpentines. Rubens s'éleva au beau par fes inflexions & par la
grandeur de fes contours ; mais il ne connoît point la ligne
précife réfervée à l'Ecole Italienne. Les lignes , par lefquelles Protogène & Apelle fe firent connoître l'un à l'autre ,
n'étoient que des lignes précifes. La plûpart des Divinités
d'Egypte, de la Grèce & de Rome, ont un Serpent entortil-
lé , ou la Corne d'abondance , ou quelque autre inflexion.

Il faut convenir que ces idées font neuves & originales ;

pas la même chofe. Il eft vrai que la première ne peut exifter, fans la convenance ;
mais il entre quelque chofe de plus dans
la compofition de la grace, que perfonne
n'a pu expliquer : c'eft ce *je ne fçai quoi* qui
releve tant les charmes de la beauté.

& ces découvertes ingénieufes. Mais jufqu'à ce que M. Hogarth ait bien fixé ces extrêmes dont il parle, le point
intermédiaire fera toujours ce qu'il a été, une affaire de
fentiment.

D'ailleurs, la gradation des ombres eft ce qu'il y a de
plus flatteur & de plus expreffif dans la Peinture : elle montre la progreffion des objets, & peint aux yeux leur éloignement. Les ombres progreffives, comme 1, 2, 3, 4, 5,
répondent aux lignes droites. Si elles reviennent d'un côté
au point d'où elles étoient parties de l'autre, fuivant les
nombres 5, 4, 3, 2, 1, 2, 3, 4, 5, elles ont l'effet des
lignes courbes : fi on double l'inflexion dans la progreffion
5, 4, 3, 2, 1, 2, 3, 4, 5, 4, 3, 2, 1, 2, 3, 4, 5, on
s'éleve à la ligne ondoyante. On a des exemples de la première efpèce de ces ombres, dans les effets de la lumière fur
des *furfaces planes* ; & de la feconde, dans ceux qu'elle
produit fur des *moulures circulaires.* On peut encore en
trouver de la troifiéme efpèce ; mais où eft l'ombre qui ré-
ponde à la ligne *ferpentine* ? Elle ne peut pas plus s'exprimer par des ombres, que la ligne même qu'elle défigne n'a
de réalité fur un plan.

P iij

Quelle que puisse être sa nature, il est certain qu'elle est la principale source de la beauté : les autres parties ne plaisent, que lorsqu'elles y sont unies.

On voit que la brune ou la blonde, la petite ou la grande, la douce ou la vive, par un nouveau bienfait de la Providence, partagent les suffrages & les goûts ; mais tous se réunissent sur la grace, que possédent si peu de personnes. Ce qui est gracieux, n'est donc autre chose que ce qui plaît, & l'art ici ne donne jamais ce que la nature a refusé.

Raphaël & Apelle doivent leur supériorité à la grace qu'ils ont sçu rendre sensible, qui n'a rien de commun avec le coloris, qui même dépend peu de la forme, & qui tient de fort près aux passions, sans se confondre avec elles.

Chaque partie de la beauté plaît en quelque chose ; on ne peut les examiner toutes avec attention, sans y trouver quelque agrément. Mais l'empire de la grace est plus étendu. Elle plaît par elle-même en tout & par-tout : dès quelle paroît, elle charme, elle enchante.

Les Grecs & les Romains ont tellement reconnu son pouvoir, que toute leur Mythologie atteste leur sensibilité sur ce point. On la voit toujours à la suite de Vénus : elle a l'honneur des victoires que cette Déesse remporte sur les cœurs. Elle est, comme dit *La Motte*, après Homère :

> LE tissu, le symbole & la cause à la fois
> Du pouvoir de l'Amour, du charme de ses loix.
> Elle enflamme les yeux de cette ardeur qui touche,
> D'un sourire enchanteur elle anime la bouche,
> Passionne la voix, en adoucit les sons,
> Prête ces tours heureux plus forts que les raisons ;
> Inspire, pour toucher, ces tendres stratagêmes,
> Ces refus attirans, l'écueil des Sages mêmes ;
> Et la Nature enfin y voulut renfermer
> Tout ce qui persuade & ce qui fait aimer.
> En prenant ce tissu que Vénus lui présente,
> Junon n'étoit que belle : elle devint charmante.

Les Graces & les Ris, les Plaisirs & les Jeux
Surpris cherchent Vénus, doutent qui l'est des
  deux;
L'Amour même trompé, trouve Junon plus
  belle,
Et son arc à la main, déja vole après elle *.

M. Pope, dans sa traduction d'Homère,
dit la même chose avec encore plus d'é-
nergie. » C'est, dit-il, la ceinture de Vé-
» nus, où se trouvent renfermés les charmes
» & les appas, qui gagnent, qui séduisent
» les cœurs. Ses attraits ont une force in-
» vincible, à laquelle rien ne peut résister:
» ses regards décident d'un Empire, & ses
» souris d'une Couronne. C'est par le se-
» cours de la grace que la chaleur de l'A-
» mour vivifie l'Univers, qu'il calme les
» mers, réchauffe les zéphirs, & rend à la
» terre les fleurs du Printems, les fruits
» de l'Automne. C'est par son secours que
» ce petit Dieu soumet les cœurs à son

____

* Iliade Franç. Liv. VII.

» empire, & qu'il régne dans tout l'Uni-
» vers. Elle rend féduifans les yeux d'une
» belle; elle leur donne une éloquence vic-
» torieufe: fon filence même eft éloquent
» & perfuafif, & fon foûris enchanteur
» triomphe de l'indifférence la plus opi-
» niâtre. «

Voilà Criton, dit MILESIUS, la plus
exacte analyfe que l'on puiffe faire de la
beauté: mais je ne fçai fi votre divifion eft
de la même exactitude. Vous auriez dû,
ce me femble, ajouter une cinquiéme partie, l'action ou le mouvement.

L'action, ou le mouvement, ajoute
beaucoup à la beauté, reprit CRITON:
auffi n'avois-je garde de l'oublier. Rappel-
lez-vous ce que j'ai dit de la grace; ces aimables mouvemens dont vous voulez parler y ont un rapport effentiel.

Quant aux mouvemens communs & ordinaires, ce font des changemens d'attitude, ou de quelques parties du corps, ou
de quelque partie du vifage. Les mouve-

mens les plus expreſſifs ſont compris dans l'expreſſion des paſſions ; les autres regardent ou la forme, ou les couleurs.

Les Anciens ont très - bien diſtingué ces diverſes ſources de la beauté par des noms que les faiſeurs de Dictionnaires & les Commentateurs ont ſouvent confondus. Ils ſe ſervoient des mots *color* & *forma*, lorſqu'ils parloient des deux premières parties de la beauté. Quant aux paſſions, ils ne les ont pas toujours exprimées par les mêmes termes : ils ont varié, ſelon les différentes affections dont il s'agiſſoit. Les mots *gratia* & *decor*, déſignent la grace en général ; ceux de *venuſtas* & de *dignitas*, les graces particulières.

Le mot *nitor* employé par les Anciens pour la beauté en général, indique une beauté ſuperficielle. Telle eſt, par exemple, celle dont j'ai parlé au commencement de ce Diſcours, la blancheur de certaines peaux tranſparentes. Ajoutons ſur ce ſujet quelques obſervations qui acheveront de l'éclaircir.

On a remarqué que le plaisir est insépa-
rablement uni au besoin & au devoir , &
que la peine ou la douleur est annexée à
tout ce qui est contraire à notre bien-être.
On trouve du plaisir à converser avec ses
amis , à boire & à manger avec eux , à
jouer, à se promener , &c. Le jeûne ou
l'abstinence forcée au contraire, la solitude
& l'inaction , ne sont jamais sans ennui, ni
sans chagrin : chaque chose en particulier
cause de la peine, suivant qu'elle est oppo-
sée à notre bien-être, & nuisible à notre
conservation.

Les plaisirs varient & sont plus ou moins
vifs, selon les différens âges de la vie. Les
jeunes gens ont plus de penchant & d'inclination pour la danse, les jeux, les plaisirs & les divertissemens, qui demandent de
l'action.

Une pareille dispensation se trouve dans
la beauté. Les passions nobles plaisent toujours, & les vicieuses affectent désagréable-
ment tout ce qui n'a pas le goût dépravé.

Même analogie, même propriété dans les périodes de la beauté. La pêche, l'ananas acquièrent insensiblement la perfection de leur couleur & de leur goût ; mais au-delà du point précis de leur maturité, ces fruits se flétrissent & se consument ensuite par degrés. La femme éprouve pareillement les mêmes vicissitudes & les mêmes révolutions. Elle parvient insensiblement au plus haut degré de son éclat ; mais elle y est à peine arrivée, que ses charmes déclinent, & que, semblable à une fleur, elle se fane d'instant en instant.

Il me semble qu'il seroit possible d'évaluer, à la manière de De Piles *, les différens degrés de la beauté. Dans cette échelle, le nombre 10 exprimeroit le plus brillant coloris ; 20, la forme ; 30, l'expression ; 40, la grace : le dernier degré de l'échelle

---

* De Piles, dans sa *Vie des Peintres*, a calculé, par le moyen d'une échelle ingénieusement graduée, le mérite particulier de chaque Peintre ; & cette idée a été adoptée par les *Richardson*, pere & fils.

feroit 100. . . . . . Mais quelle eſt la femme qui n'ait pas encore quelques pas à faire pour arriver à la perfection ? On pourra trouver des perſonnes qui réuniront les plus belles couleurs, qui auront une taille admirable, ou qui ſeront bien partagées du côté de l'expreſſion & des graces ; mais ce qu'elles gagnent d'un côté, elles le perdent de l'autre. Donnez, par exemple, à Clarice, 10 pour ſes couleurs, 4 pour ſa taille, 25 pour l'expreſſion, & 10 pour la grace : la ſomme eſt 49, & Clarice n'eſt pas encore une demi-beauté. Lyſimène avec 8 de coloris & 10 de forme, a 25 d'expreſſion & 30 de graces : en tout 73. C'eſt, peut-être, la plus grande ſomme de beautés qu'on puiſſe accorder à une femme. D'un autre côté, il y auroit ſouvent à rabattre, pour des articles négatifs ; & tout bien compté, beaucoup de femmes ſeroient fort heureuſes de n'être réduites qu'à zero.

Si tous les articles étoient négatifs, il

faudroit les prendre séparément, marquer
le nombre de degrés, selon qu'on les conçoit, & ensuite faire l'addition. Lycas,
par exemple, est aussi contrefait que M.
Hay *; mais il a de plus de mauvaises cou-

* M. HAY, homme célèbre en Angleterre, par sa laideur
& par son esprit. Il publia, en 1754, un *Essai sur la laideur*: Ouvrage ingénieux qui eut le plus grand succès, &
qui n'a peut-être point été traduit en France, parce qu'on
a jugé qu'il seroit peu lu des femmes, sur lesquelles on
compte tant aujourd'hui.

» J'AI, dit-il, à peine cinq pieds de haut. L'épine de
» mon dos reçut, dans le sein de ma mère, une tournure
» fort désagréable, & j'ai l'honneur de ressembler par ma
» personne, à Esope, au Prince d'Orange, au Maréchal
» de Luxembourg, au grand Trésorier Salisbury, à Scar-
» ron, à Pope, &c. &c. Si j'ai lieu de me féliciter de n'être
» pas né à Sparte, & d'avoir échappé à la barbarie de son
» Législateur, j'ai presque autant lieu de me plaindre de
» l'excès de tendresse de mes parens. Ils mirent en œuvre
» toutes les ressources de l'art, pour corriger les erreurs de
» la Nature: mais sans succès. Quand ils virent qu'ils ne
» pouvoient faire disparoître les défauts de ma figure, ils
» s'efforcèrent de les cacher: ils m'enseignèrent à en rou-
» gir, au lieu de m'inspirer le courage d'en soutenir le ri-
» dicule. Qu'il m'en a coûté dans ma jeunesse!

» Scarron avoit inventé une machine pour tirer son cha-
» peau: je souhaiterois en avoir une, pour boucler mes

leurs, des paſſions noires & des manières diſgracieuſes. Donnez donc à Lycas 6 degrés de mauvaiſes couleurs, 25 de difformité pour la taille, 4 pour l'expreſſion des paſſions, & 10 pour la grace : Lycas aura en tout 45 degrés de difformité.

» ſouliers, ou pour lever quelque choſe de terre, ſans m'a-
» genouiller. Je ne ſçaurois rendre mon corps plus courbé
» que la Nature ne l'a fait. Quand une Dame laiſſe tom-
» ber ſes gants, ou ſon éventail, je manque quelquefois
» d'empreſſement à les relever, pour ne pas faire l'arai-
» gnée..... Suis-je en carroſſe avec une Belle, je me trou-
» ve abſorbé ſous la ſoie, ou ſous la baleine. A table, je ne
» ſçaurois la ſervir, ni même la voir. Ma voix ſe fait en-
» tendre ſous ſes aîles : ſans cela, elle ne ſe douteroit pas
» de la place que j'occupe, & encore moins que je puiſſe
» être en Purgatoire ſur les couſſins du Paradis.... Il m'ar-
» rive ſouvent de ne me pas lever de ma chaiſe, lorſque je
» le devrois : elle eſt baſſe, & mon centre de gravité eſt ſi
» mal placé, que ſouvent, en l'eſſayant, je retombe mal-
» gré moi. Je ne ſçaurois atteindre à ce qui eſt à la portée
» des autres, & ce qu'ils font ſans peine eſt pour moi un
» travail. Dans une foule, mon dos ſert d'aſſiette à un
» grand qui eſt derrière moi. Je ne ſçaurois rien voir, & je
» riſque d'être écraſé...... Auſſi je n'oſerois plus ſuivre la
» Chambre des Communes, dont je ſuis Membre, quand le
» Roi lui fait l'honneur de l'appeller à lui, perſuadé que Sa
» Majeſté ne demande point l'impoſſible. «

Je ne prétends pas avoir calculé tout cela bien exactement ; mais c'en eſt aſſez, ce me ſemble, pour vous indiquer la ma-nière de juger ſainement de la beauté. En ſuivant ces régles, on pourroit apprécier les charmes de chaque perſonne, & donner la préférence à celles qui la méritent. Si le calcul n'étoit pas toujours de la dernière préciſion, du moins on s'éloigneroit peu de la vérité.

Quand je dis qu'on peut apprécier la beauté, par le moyen de ces régles, il ne faut pas s'imaginer qu'elles ſuffiſent ſeules. Il faut des juges impartiaux pour décider ainſi des rangs , mais où les trouver ? On fait tous les jours la triſte expérience qu'on peut ſe tromper dans ſes jugemens : mille raiſons nous font juger tout de travers de la beauté, & voici la ſource ordinaire de nos erreurs.

1°. Lorſqu'une ſecrette inclination nous prévient pour une perſonne, on lui trou-ve toutes les perfections imaginables : elle l'emporte l'emporte fur toutes les femmes que l'on pourroit lui comparer; en elle, tout plaît, tout enchante.

2°. Un objet nous paroît-il aimable; nous lui prêtons auffi-tôt mille graces & mille charmes qu'il n'a qu'à nos yeux, parce qu'il reffemble au portrait que l'Amour en a tracé dans notre imagination.

3°. On fe trompe auffi dans fes jugemens, par la reffemblance qu'on rencontre dans les autres avec foi, du côté du caractère, ou de la figure. Un homme, d'un tempérament doux & tranquille, trouve fa Maîtreffe bien plus aimable, lorfqu'il remarque fur fon vifage des paffions douces & tendres.

Il ne faut pas fortir de nous-mêmes, pour trouver la caufe de ces jugemens, quelquefois très-injuftes. Elle provient, ou de notre amour-propre, ou de la foibleffe qui nous aveugle & nous féduit.

4°. L'utilité eft encore une fource de nos erreurs dans nos jugemens. Une chofe nous eft-elle utile ? dès ce moment elle s'embellit pour nous.

5°. La caufe la plus générale de nos faux jugemens fur la beauté, c'eft le goût national, fur-tout pour ce qui regarde la couleur & la forme.

Rubens donne à toutes fes femmes un embonpoint & une force qui ne conviennent qu'à des femmes du commun. Un corps, felon lui, ne peut avoir de beauté, s'il ne pefe deux cens. Rubens feroit un des premiers Peintres du monde, fans ce goût bizarre qui rend fes *Graces* fades.

Le préjugé va encore plus loin : il fait fouvent trouver des graces dans les erreurs même de la Nature, lorfqu'elles deviennent communes & ordinaires. Le Chevalier F.... l'un des plus beaux hommes d'Angleterre, voyageant dans fa jeuneffe, après avoir paffé quelques temps en France, voulut voir l'Italie. Il tomba malade au paffage des Alpes : une fiévre continue l'obligea de refter une quinzaine de

jours dans un Village sur ces montagnes.
Vous sçavez que tous ces Montagnards
ont le cou décoré d'une loupe appellée
gouëtre, & qu'il y en a d'aussi grosses que
la tête. Le Chevalier se trouvant en
état de sortir, voulut un Dimanche entendre la Messe à l'Eglise de la Paroisse.
Comme ces Montagnards n'avoient jamais vu, dans leur Eglise, un homme si
bien fait & si richement vêtu, tous les
yeux se tournèrent sur lui. Quand on sortit de l'Eglise, les Paysans commencèrent
à crier assez haut, pour qu'il pût les entendre : *Ah! que c'est dommage qu'un si bel
homme n'ait point un gouëtre comme nous!*

On ne peut passer pour bel homme chez
les Peuples belliqueux de l'Afrique, qu'on
n'ait cinq ou six cicatrices au visage. Peut-
être cette façon de penser doit-elle son éta-
blissement à la politique : on aura voulu
par cette opinion porter les hommes à
s'exposer courageusement dans une ba-
taille. Quoi qu'il en soit, il est certain que

les cicatrices leur paroiſſent relever ſi bien
la bonne mine, qu'ils font des inciſions
ſur le viſage de leurs enfans dès l'âge le
plus tendre, pour leur procurer de bonne
heure les ornemens de la virilité. Ces cicatrices ſont ſi néceſſaires pour ſe faire
aimer d'une belle, qu'un jeune homme,
quelque mérite qu'il eût d'ailleurs, ne feroit jamais de conquête, s'il n'étoit cica-
triſé.

Mille agrémens, même perſonnels,
n'ont quelquefois d'autre fondement que
d'avoir plu au haſard à cette eſpèce de
gens qui dans le monde donnent le ton.

Un front étroit, un nez court, de petits yeux, de groſſes lévres, ſont deve-
nues des beautés nationales.

Dans le Mogol & dans l'Afrique, un
jeune homme, pour plaire à ſa Maîtreſſe,
doit avoir des diamans ou des lingots d'or
pendus à ſon nez, à ſes oreilles, à ſes lévres : avec ces ornemens, il eſt ſûr de
réuſſir auprès des Belles.

En France, on se poudre les cheveux & on les frise pour les mettre en boucles : les Canadiens les frottent de graisse & les laissent pendre sur leurs épaules. Dans le nouveau Monde, des Peuples entiers se peignent le visage de verd, de bleu, de rouge, de jaune, &c. Dans l'ancien Monde, & sur-tout en France, où l'on se pique le plus d'élégance, on se contente d'un masque de fard.

Un Anglois disoit, que la première fois qu'il vit l'Opéra de Paris, lorsqu'il jetta les yeux du côté des loges où étoient les femmes, il crut voir une planche de Pivoines fort vives & très-hautes en couleur. Un François qui se trouveroit pour la première fois, dans une belle assemblée d'Angloises, s'imagineroit voir une planche d'Œillets *. Sous le regne de Charles II, temps où la Cour de Londres étoit très-

---

* L'Auteur veut parler de ces petits Œillets blancs qui sont forts communs en Angleterre.

Q iij

brillante, on comptoit plusieurs femmes d'une grande beauté. Le Comte de Gramont, qui fut alors envoyé en Angleterre, frappé des charmes du beau sexe, ne pût s'empêcher de dire : » Il faut avouer que » les Dames Angloises sont très-belles : » c'est dommage qu'elles soient si pâles : » elles n'ont pas plus de couleur que des » lys. «

M. Adisson fait dire à un Africain, en parlant des femmes du Nord, pâles de blancheur, que *ce sont des beautés qui ne sont pas encore mûres.* » Les femmes de la Cour du » Prince de Zama ont, dit-il, un teint » bien plus animé, des charmes plus mar-» qués, plus robustes. Le Soleil, en lan-» çant ses rayons sur leur tête, les échauffe » & fait éclore sur leurs joues les plus vives » couleurs. «

Un Prince d'Annamabon, qui fut longtemps en Europe, quelques jours avant son départ de Londres, disoit que Milady C.... seroit la plus belle femme du monde, si elle étoit Négresse.

On trouve dans les relations des Voyageurs des exemples finguliers de la force de la coutume & des préjugés. J'ai lu quelque part, que les Anglois qui defcendirent les premiers la Gambre, allèrent fe repofer dans quelques Villages qui font aux environs de ce fleuve, & que leur afpect remplit les femmes du pays d'une telle frayeur, qu'elles prirent la fuite, en jettant des cris horribles. Le même Voyageur ajoute, que ces femmes qui n'avoient jamais vu d'Européens, les prirent pour de mauvais efprits, uniquement à caufe de leur blancheur.

Cette diverfité de fentimens eft un bienfait du Créateur, & l'on peut dire que nos erreurs en ce point nous font très-utiles. Si tous les hommes, en effet, avoient les mêmes yeux, ceux que l'Amour auroit bleffés de fes traits, brûleroient tous pour la même femme qui feroit la beauté du canton. Cette Belle feroit la Divinité à qui on offriroit de l'encens ; les autres feroient fans culte & fans autels : or vous fentez les fâcheufes fuites d'une pareille uniformité de fentiment & de goût. Que deviendroient les Belles & les Soupirans ? Un feul pourroit devenir heureux ; il ne refteroit que la rage & le défefpoir aux autres. Que de querelles, que de combats s'enfuivroient ! La beauté dominante du Hameau, du Bourg, de la Ville feroit un objet de haine pour toutes les perfonnes de fon fexe ; la jaloufie leur feroit mettre tout en œuvre pour la perdre : ce ne feroit parmi les hommes qu'affaffinats & que meurtres.

L'imagination a fans doute beaucoup de part à cette heureufe diverfité de goût & de fentiment fur les attraits du beau fexe. Un Amant trouve dans fa Maîtreffe des graces, que perfonne fouvent n'apperçoit que lui. C'eft auffi par cette raifon, que le Payfan fait confifter la beauté de fa femme dans la force, & qu'une peau bazannée lui plaît ; que le Soldat fe trouve

heureux avec sa Vivandière ; que les manières d'une coquette enchantent l'homme faux ou le Petit-Maître.

Voilà ce qui par-tout étend considéra-
blement le domaine de la beauté ; voilà ce
qui le rend , en quelque sorte, sans bornes. En effet, quoiqu'il y ait peu de vraies
beautés , on auroit de la peine à trouver
une femme qui n'ait quelque sorte d'appas
aax yeux de quelques hommes. Les uns ,
comme il vient d'être dit plus haut , sont
épris de la beauté d'une peau noire ou bazannée ; les autres , de celle d'une peau
blanche ; celui - ci est enchanté d'un vermillon naturel ; un autre préfere une couleur factice. Certains Peuples font consister la beauté de la taille dans la grosseur
& la force ; d'autres dans la finesse & l'agilité. Enfin , les choses les plus opposées
passent pour belles en différens pays , &
même quelquefois parmi ceux qui respirent le même air.

J'ai encore une observation à faire. C'est

que l'imagination a plus de force pour ce qui regarde la forme & les couleurs, que pour les deux dernières parties qui composent la beauté. Les passions nobles & honnêtes sont toujours aimables, & les graces tendres & naturelles plaisent à tout homme qui n'a pas le goût dépravé.

Je viens de vous entretenir des beautés fausses & supposées ; disons aussi quelque chose de la beauté réelle des ouvrages de la Nature. Par-tout elle nous offre un spectacle charmant : de quelque côté que nous portions nos regards, nous rencontrons des objets qui nous enchantent. Quel spectacle brillant & diversifié la terre seule ne nous offre-t-elle pas ! Ici, des ruisseaux descendent des rochers avec bruit, & viennent se reposer dans le sein d'une plaine qu'ils semblent embrasser, en serpentant ; là, vous voyez des plaines spacieuses, des champs couverts d'une riche moisson, des prairies émaillées de fleurs richement colorées. Quelquefois la vûe se perd dans des allées

d'une longueur immenfe, & bornées agréablement par des côteaux ; des fontaines
qui tombent par cafcades fur des lits de
verdure, des fleuves rapides, des lacs, des
étangs, la mer enfin, tantôt calme, tantôt agitée, nous offrent le fpectacle le plus
amufant & le plus varié.

Si nous jettons les yeux vers le Ciel ;
nous ne fommes pas moins enchantés des
beautés qu'il préfente en foule. Que peut-
on voir de plus beau que le lever du Soleil, que cette voûte immenfe qui eft au-
deffus de notre tête, que cette variété infinie d'ombres & de couleurs ?

A la fin d'un beau jour, le Ciel étale
une infinité d'images, dont la pompe & la
magnificence furpaffent de beaucoup celles de la Terre. D'un côté, des nues tranf-
parentes, & raffemblées autour du Soleil
couchant, forment à nos yeux des montagnes d'ombres & de lumières, dont le
majeftueux défordre attire notre admiration ; d'un autre côté, un aftre moins bril-

lant fe leve, & répand une lumière moins vive fur les objets qui, perdant leur activité par l'abfence du Soleil, ne frappent plus nos fens, que d'une manière douce, paifible & parfaitement d'accord avec le filence qui regne alors fur la terre.

Que dirai je des différentes fortes d'animaux qui peuplent la terre, ainfi que nous, & de cette variété infinie d'Oifeaux dont le chant forme de fi agréables concerts? Créés comme nous pour fe reproduire, ils ont dans chaque efpèce mille charmes qui les attachent les uns aux autres. Combien de différentes couleurs ornent le cou d'un Faifan ou celui d'un Pigeon ! Que peut-on imaginer de plus beau que la queue d'un Paon !

Le plumage des Oifeaux, dans l'Orient, offre encore les diverfités les plus agréables du monde.

Avez-vous quelquefois confidéré la forme d'un Cerf, d'un Lévrier, d'un Cheval ? Avez-vous vu principalement celui-ci dé-

ployer dans un manége tous ses avantages ?
Cet animal impétueux, monté par un ha-
bile Ecuyer, paroît glorieux du poids qui
le charge : il éleve & courbe fièrement son
cou couvert d'une brillante crinière qui
semble voltiger au gré des vents : son poi-
trail large & vigoureux annonce sa force,
& son attitude, son courage; sa croupe,
ornée des flots épais d'une longue queue,
présente avec ses flancs les plus belles proportions; ses jambes fines & déliées lui
donnent la légéreté du Cerf; la vivacité
de ses regards témoigne qu'il foule avec
dédain la poussière, & qu'il voudroit tra-
verser les airs; il obéit au frein qui le guide, & cependant il paroît ne respirer que la
liberté.

Que la bonté de Dieu est grande ! Que
l'homme a de graces à lui rendre, de lui
avoir soumis des animaux si utiles, & qui
ont tant de charmes pour lui ! Il a dérobé
à notre vûe la plûpart des poissons; mais
ce qui doit nous en consoler, c'est qu'ils

font prefque tous d'une forme fi hideufe ;
qu'ils nous révolteroient.

La variété des objets qui nous environ-
nent, peut nous élever à la beauté har-
monique des différens globes : l'enfemble
de tous ces objets ravit, par l'admirable
accord qu'y découvre un œil un peu philo-
fophique.

Même harmonie dans les Cieux. Chaque
globe a des beautés particulières, & pris
enfemble, ils font un tout, dont l'ordre,
la régularité, l'accord fymétrique, forment
le *Beau* par excellence. Nous ne fçavons
pas jufqu'où s'étend cette beauté ; mais la
proportion qu'on remarque entre la grandeur & la pofition des Planètes, doit nous
faire conjecturer que la même beauté d'ordre & d'harmonie eft exactement gardée
dans l'arrangement des globes, que nous
ne connoiffons pas.

Cependant que font toutes ces beautés
comparées à celles de la vertu ? Platon difoit, que fi elle fe montroit aux hommes

avec tous fes charmes, il n'y auroit perfonne qui n'en fût épris. Telle eft l'idée que
les Grecs & les Romains s'étoient faite de
la vertu : ils croyoient ces deux qualités inféparables l'une de l'autre.

La beauté la plus frappante & la plus
digne de nos hommages, c'eft la bonté de
Dieu, qui fe manifefte dans les ouvrages
de la Création. L'excellence du Souverain
Etre, eft la fource inépuifable de tout ce
que l'Univers contient de beau. Nous pouvons juger de l'impreffion qu'elle feroit fur
nous, fi nous pouvions la comprendre, par
celle que font les bonnes actions que nous
voyons faire aux hommes. Tout homme
qui n'eft pas corrompu, eft bien plus touché de la continence de Scipion & de la
clémence de Céfar que de leurs actions les
plus vantées dans l'Hiftoire.

Si la vertu eft la plus grande beauté,
le vice eft ce qu'il y a de plus odieux &
de plus difforme. Le Taffe & Milton ont
tous deux rendu cette vérité bien fenfible.

Les Démons du Tasse ne sont hideux que par leur forme, qu'il a empruntée des Peintres : les Démons de Milton, par les passions qu'il leur donne, c'est-à-dire, par l'orgueil, l'envie, la jalousie, la malignité, &c. sont beaucoup plus affreux encore & plus effrayans que ceux du Tasse.

RÉFLEXIONS

RÉFLEXIONS
SUR LA GRACE
DANS LES OUVRAGES DE L'ART,

Tirées du Journal Étranger du mois
de Juillet 1760.

Par M. *l'Abbé Winckelmann.*

LA régularité, l'ordre & la proportion
constituent la *Beauté.* La *Grace* consiste
dans le mouvement, mais dans des mouvemens légers, à peine perceptibles, &
qui ne caractérisent que des passions tranquilles & douces. Tout ce qui dans les
Arts porte un caractère déterminé, ressen-
ti, semble exclurre la Grace. Il n'y a rien

R

de gracieux dans cette femme qui s'arrache les cheveux ou fe meurtrit le fein, non
plus que dans cette mère qui, près d'ex-
pirer, met ce qui lui refte de force à éloigner fon enfant de fa mammelle, de peur
qu'il ne fuce du fang au lieu de lait. Mais
que de charmes & de graces dans cette
jeune Bergère, qui, affife à l'ombre d'un
chêne, fe compofe une couronne des fleurs
quelle vient de cueiller dans la prairie voi-
fine; ou qui mollement étendue fur les
bords d'une fontaine, fixe fes regards in-
nocens fur la courfe paifible de l'onde, &
femble n'être occupée que de fon murmure! Ces objets *élevent* dans le cœur une
foule de fenfations agréables, parmi lefquelles on aime à s'égarer, & à flotter
long-temps avant que de s'arrêter fur aucune. Qu'on y faffe bien attention : l'impreffion de la Grace a toujours ce je ne
fçai quoi de vague, qui plaît d'autant plus à
l'ame que le fentiment & la penfée en font
plus long-temps exercés. Les expreffions

fortes & décidées ne repouſſent la Grace,
que parce qu'elles nous fixent tout-à-coup
& néceſſairement ſur leur objet, qu'elles
nous y attachent avec violence.

Le ſommeil n'exclut point le mouvement dans lequel nous faiſons conſiſter la
grace. Dans la *Vénus endormie* du Titien, un ſonge agréable & léger ſemble
voltiger ſur la phyſionomie de cette Déeſſe. La douce émotion de ſes eſprits ſe re-
trace ſur tous les traits de ſon viſage.

La *Grace* ſe forme par l'éducation &
par la réflexion *. Elle fuit toute eſpèce
d'affectation & de contrainte; elle agit dans
le calme & dans la ſimplicité de l'ame ;
le feu des paſſions & de l'imagination l'obſ-

---

* Cette obſervation eſt-elle bien vraie ? Il ſemble, au
contraire, que l'éducation & la réflexion ſont plus propres
à détruire la grace qu'à la former. Eſt-il rien de ſi *gracieux* que les attitudes, les geſtes, & tous les mouvémens de
l'enfance ? La contrainte n'eſt-elle pas ſouvent le fruit de
l'éducation ? Toute réflexion n'eſt-elle pas une eſpèce d'effort ? Or l'effort & la contrainte ne ſont-ils pas le poiſon
de la Grace ? *Remarque du Journaliſte.*

curcit : par elle toutes les paſſions des hommes deviennent agréables , & elle regne avec la plus grande autorité dans un beau corps. Xénocrate la connut ; Apelle & le Corrége la reſpiroient ; Thucydide & Michel-Ange ne la connurent & ne la cherchèrent jamais. Elle eſt répandue généralement ſur tous les Ouvrages de l'Antiquité , & elle s'y fait ſentir même dans le médiocre.

Les préjugés & l'éducation font ſouvent trouver agréables des choſes qui nous révoltent , lorſque nous ſommes parvenus à la connoiſſance des beautés de l'Antique. Le ſentiment de la Grace n'eſt donc pas naturel ? Non : on peut l'acquérir & même l'enſeigner , ainſi que le goût & la beauté *.

---

* Ariſtote , Cicéron & Quintilien penſent autrement. En effet , comment le précepte & la régle pourroient-ils jamais enchaîner une qualité dont le principe eſt bien plus dans le génie de l'Auteur , que dans les reſſources de l'Art ? Deux hommes , Xénophon & la Fontaine , dont on peut

La *Grace*, dans les Ouvrages de l'Art, regarde principalement la figure de l'homme. Elle ne consiste pas seulement dans ce qui lui est essentiel, comme la situation & les gestes, mais encore dans les accessoires, comme l'ajustement & la parure. Sa qualité est la juste proportion qui se trouve entre la personne qui agit, & l'action. Elle ressemble à l'eau, qui est d'autant plus parfaite qu'elle a moins de goût. Toute gentillesse étrangère est funeste à la grace, ainsi qu'à la beauté.

La position & les attributs des figures antiques sont celles d'un homme qui se présentant dans une assemblée de personnes respectables & sensées, excite & est en droit d'exiger de l'estime, de la considération & des égards. Le mouvement

---

dire que la Grace a conduit elle-même la plume, n'ont point eu d'imitateurs, & l'on peut défier les Critiques les plus subtils & les plus profonds, de pouvoir jamais révéler la cause du charme que ces deux Auteurs ont répandu dans leurs ouvrages. *Idem.*

des figures n'est presque sensible & carac-
térisé, que par la disposition immédiate &
nécessaire qu'elles ont à l'action. Les Artistes modernes, à qui une position tranquille paroît sans ame & ne rien signifier,
s'imaginent donner de l'expression à leurs
figures, lorsque réellement ils ne font que
les *disgracier* & les contraindre. Les Anciens avoient tellement égard à la bien-
séance, qu'à moins qu'ils ne voulussent désigner des personnages dévoués à la mollesse, ils ne présentoient que très-rarement
des figures avec les jambes croisées.

Dans les figures antiques, la joie n'é-
clate jamais; elle n'énonce que le contentement & la sérénité de l'ame. Sur le visage d'une Bacchante, on ne voit briller,
pour ainsi dire, que l'aurore de la volupté. Dans la douleur & l'abattement, l'a-
me est l'image de la mer, dont la profondeur est tranquille, quand sa surface commence à s'agiter. Au milieu des plus grands
maux, Niobé paroît toujours cette Hé-

roïne ; qui ne vouloit point céder à La-
tone.

Les Artiftes , ainfi que les Poëtes de
l'Antiquité , ont repréfenté leurs perfon-
nages hors de l'action , quand l'action n'é-
toit propre qu'à faire naître la terreur, la
défolation & le défefpoir ; & cela, pour
conferver la dignité de l'homme, qu'ils
vouloient montrer fupérieur aux fituations
les plus accablantes & les plus douloureu-
fes *. Les Modernes qui n'ont étudié la
Grace ni dans l'Antique , ni dans la Nature , non-feulement repréfentent la Nature comme elle fent, mais comme elle
ne fent pas. La *Charité* du Bernin devroit regarder fes enfans d'un air tendre &
gracieux ; en un mot , avec des yeux

---

* Cette obfervation eft noble , mais eft-elle jufte ? Homère a-t-il peint Athille hors de l'action , lorfqu'à la nouvelle de la mort de Patrocle , ce Poëte le repréfente fe rou-
lant dans la pouffière , s'arrachant les cheveux , fe meurtrif-
fant le vifage , & pouffant un cri fi terrible , que Thétis
l'entendit des profondeurs de la mer. *Idem.*

de mère ; mais qu'il y a de contradictions dans son visage ! Au lieu d'un sourire plein d'ame, d'intérêt & de grace, on y trouve un ris satyrique & forcé, que l'Artiste lui a donné, en faveur de sa grace favorite qui consistoit à creuser de petits trous sur les joues.

Quoiqu'il y ait peu de statues antiques dont les mains soient conservées, cependant, à en juger par la direction des bras, on voit bien que le mouvement des mains étoit naturel, tel enfin que dans une personne qui ne croiroit point être observée. Ceux des Artistes modernes qui ont été chargés de restaurer ces chefs - d'œuvres mutilés, leur ont donné, comme dans leurs propres ouvrages, les mains d'une personne qui devant son miroir affecteroit de faire jouer & de montrer sa belle main à tout ce qui assiste à sa toilette. Quand il s'agit d'expression, les mains, dans nos figures modernes, sont gênées comme celles d'un jeune Prédicateur en chaire. Une figure prend-elle son vêtement ? Elle le tient comme une toile d'Araignée. A-t-elle un voile à soulever ? Il faut que ce soit en écartant élégamment les trois derniers doigts de la main.

La Grace, dans l'accessoire de la figure, consiste, comme dans la figure même, à se rapprocher le plus que l'on peut de la Nature. Dans les ouvrages de la plus haute Antiquité, le jet des plis sous la ceinture est presque perpendiculaire ; ils sont tels qu'ils se forment naturellement dans une draperie déliée & légère. A mesure que les Arts faisoient des progrès, on cherchoit la variété ; mais les vêtemens furent toujours traités comme un tissu léger, dont les plis ne devoient être ni lourdement accumulés, ni dispersés bizarrement, mais rapprochés & réunis avec élégance, avec simplicité. C'est aux Bacchantes que les Anciens donnoient des draperies flottantes & dérangées, même dans les statues; mais en observant toutefois la convenance, & sans jamais forcer la capacité de la matière. Leurs Dieux & leurs Héros sont réprésentés d'une manière propre à inspirer le respect, & non pas comme un jeu de vent, ou comme des drapeaux déployés.

Dans les temps modernes, il ne paroît pas qu'après Raphaël & ses meilleurs Eléves, on ait pensé que la Grace s'étendît aux vêtemens, puisqu'on n'a employé que des draperies assommantes, dans lesquelles la forme du corps, que les Anciens étoient si jaloux de prononcer, se trouve entièrement ensevelie. On voit même telle figure qui semble n'avoir été faite que pour porter l'étoffe lourde, dont l'imagination & la main de l'Artiste, encore plus lourdes, ont pris plaisir à l'accabler.

Le caractère de grandeur & de fierté que Michel-Ange donna à la Sculpture, fut extrêmement funeste à la Grace. On s'empressa d'imiter un homme, à qui la force de son génie, le feu de son imagina-

tion & la profondeur de son sçavoir, n'a-
voient jamais permis de sentir les mouvemens doux, naturels & tranquilles de la
Grace. Michel-Ange ne s'attacha qu'au
difficile, à l'étonnant, à l'extraordinaire. La
situation qu'il a donnée aux figures qu'on
voit sur les tombeaux de la Chapelle du
Grand-Duc, est si forcée, que le modèle
le plus patient & le plus exercé ne pourroit la soutenir, sans se faire violence.
Toujours fier, souvent sublime, Michel-
Ange ne fut jamais gracieux. Mais c'est
sur-tout dans les ouvrages des Eléves &
des Imitateurs de ce grand Homme, que le
manque de grace est remarquable & cho-
quant, parce qu'il s'en faut bien que ce
défaut y soit compensé par les beautés sublimes que Michel-Ange a répandues dans
les siens.

Le Bernin étoit né avec du génie & de
grands talens. Il fit à l'âge de dix-huit
ans son groupe d'Apollon & Daphné :
ouvrage admirable & bien propre à faire

efpérer que cet Artifte porteroit la Sculpture au plus haut point de perfection. En-
couragé par les éloges qu'on lui accordoit
univerfellement, & fentant bien qu'il ne
lui étoit poffible ni d'atteindre ni d'effacer
les Anciens, le Bernin s'ouvrit une nouvelle route : dès-lors la Grace s'éloigna de
lui entièrement & pour jamais. Et comment fe feroit-elle accordée avec les pro-
cédés de l'Artifte ? Il ne cherchoit & ne
puifoit fes traits, fes formes, fes figures,
que dans la Nature commune ; & quand
il voulut s'élever à l'idéal, il ne repréfen-
ta que fes propres idées. Du moins la Nature n'offre-t-elle en Italie rien de confor-
me à fes expreffions & à fes figures. Il fut
cependant regardé comme le Dieu de
l'Art ; mais il ne dût cette gloire qu'au
goût corrompu de fon fiécle.

PENSÉES
SUR LA GRACE,

Par M. ZANOTTI, *Peintre, Poëte, &*
Secrétaire de l'Académie de Peinture
de Bologne.

AINSI qu'une eau pure & limpide
anime & embellit tous les lieux qu'elle
arrose, de même la Grace répand l'intérêt & le charme sur tout ce qu'elle touche.
Je ne chercherai point à en pénétrer l'o-
rigine : elle est inconnue aux Peintres, &
l'œil même des Philosophes ne l'a pas encore apperçue. Nous la sentons, sans
pouvoir la comprendre ; il est impossible
de la soumettre à des régles déterminées

& certaines ; c'eſt un pur don de la nature ; celui qui penſeroit le contraire & préten- droit l'enſeigner, n'a qu'à garder ſes pré- ceptes & ſes leçons pour lui-même. La chercher, c'eſt faire préſumer qu'on eſt condamné à ne la rencontrer jamais. Tou- te affectation la détruit. Regardez la Na- ture : elle ne laiſſe voir d'effort dans au- cune de ſes opérations. Les Grecs & Ra- phaël ont à cet égard opéré comme la Nature ; ils ont atteint le terme extrême de la Grace, ſans l'excéder jamais. Tous les Peintres ont été jaloux de répandre dans leurs compoſitions une qualité, dont le propre eſt d'attirer & de charmer tous les yeux ; mais la plûpart, au lieu de nous montrer la Grace, ne nous ont laiſſé voir que les efforts qu'ils ont faits pour l'at- teindre, & ſont tombés dans une affecta- tion puérile & ridicule. L'élégance & la ſimplicité ſont inſéparables de la Grace. La plus petite altération fait diſparoître la ſimplicité. Je ſuis perſuadé que la *Sain-*

te Cécile, dont l'attitude & tous les traits
font fi modeftes, fi fimples & fi naturels,
à infiniment plus coûtée à Raphaël que
fon *Ifaïe*, plein de force, de grandeur &
de fierté. Un vêtement fimple, des mouvemens doux, légers & dont l'élégance
confifte, fi l'on peut s'exprimer ainfi, dans
des infiniment petits, ne peuvent être que
l'ouvrage d'un Génie doué de fineffe & de
pénétration. Le grand, le fort, le reffenti
laiffent, au contraire, à l'Artifte un efpace
plus étendu & beaucoup plus de liberté.

Je voudrois qu'un jeune Artifte s'occu-
pât beaucoup de la Grace, mais qu'il fe
gardât encore plus de l'affectation. Le
manque de grace, eft un défaut ; l'affectation eft un vice. L'un ne doit être
imputé qu'à la Nature, qui feule peut donner le fentiment de la Grace ; l'autre regarde uniquement le Peintre, qui penfe
fottement que l'Art peut fuppléer à la nature.

La Grace doit s'étendre à tous les gen-

res, à tous les sujets, à toutes les expreffions. L'Hercule du Palais Farnèfe , eft
auffi *gracieux* dans fon genre, que l'eft ,
dans le fien , la Vénus de Médicis *.

---

* L'Auteur paroît confondre ici la *grace* avec la convenance.

DISCOURS

SUR

LES GRACES*.

Par le P. ANDRÉ, auteur de l'Essai sur le Beau.

AU nom des GRACES, à ce seul nom, combien d'idées agréables se réveillent d'abord dans l'esprit ! On se représente aussi-tôt des charmes, des attraits, des appas, un éclat, un lustre, une certaine aménité, ou, si l'on me permet ce terme, une certaine *amabilité* répandue dans les objets qu'on appelle *gracieux*. Il

---

* *Extrait de l'Edition de Paris*, 1763. vol. 2.

S

feroit à défirer que ces idées fuffent auffi claires qu'elles font agréables ; ou du moins, que nous trouvaffions dans les Auteurs de quoi les éclaircir. Car, on voit affez du premier coup d'œil que ce n'eft point là une matière où l'on puiffe efpérer de faire de nouvelles découvertes. On a toujours parlé des Graces dans le monde : on a toujours eu des yeux pour les voir, & un cœur pour en être touché ; il y a même eu dans tous les fiécles des gens d'efprit & de goût qni en ont curieufement recherché la nature. Les anciens Philofophes, les Poëtes, les Orateurs, les Peintres en faifoient une étude particulière. Ceux-ci, pour les exprimer dans leurs Ouvrages, & les Philofophes, pour en découvrir les attributs effentiels : en quoi elles conviennent avec le beau, & en quoi elles en different ; ce qu'elles y ajoutent, & ce qu'elles y fuppofent. Mais enfin, à quoi ont abouti tant de recherches ? Malgré tant d'efforts, il ne paroît pas qu'ils

ayent pénétré bien avant dans le fanctuai-
re des Graces. Avec tout l'efprit, peut-
être, qu'il eft permis d'avoir, ils ont été
réduits, pour nous en donner quelque no-
tion, à nous les repréfenter fous des images
qui les enveloppent, fous des allégories
qui les voilent, fous des fymboles & fous
des emblêmes qui les déguifent : les plus
belles defcriptions du monde, pour nous
en faire fentir le pouvoir ; mais pas une
feule définition, pour nous en expliquer la
nature.

Cependant, comme je ne trouve rien
de meilleur dans les Modernes, je commence par vous expofer le tableau que la
fçavante Antiquité nous a laiffé des Graces. Les Curieux d'Antiques les y verront
fans doute avec plaifir ; & les plus indifférens conviendront peut-être, que fi les
Anciens n'ont pas pris la peine de nous
les définir, du moins nous les ont-ils re-
préfentées fous des images qui ne les dé-
figurent pas.

S ij

Le premier Auteur qui ait ofé les peindre un peu en grand, c'eft Héfiode, dans
fa Théogonie, qui eft un Poëme allégori-
que fur la généalogie des Dieux. Après
avoir décrit la naiffance de Minerve, qui
fortit toute armée de la tête de Jupiter, il
raconte celle des Graces, qui fortirent de
fon cœur fous des figures plus humaines.
Il en diftingue trois, auxquelles il donne
divers noms pour les caractérifer, chacune
par fon agrément particulier : la première,
qu'il appelle A GLAÏA, par le brillant ; la
feconde, qui eft EUPHROSINE, par la
douceur ; la troifiéme, qui eft THALIE,
par la vivacité, ou, felon la propriété du
mot Grec, par une aménité femblable à
celle d'une fleur nouvellement éclofe. Orphée leur accorde les mêmes attributs
dans un bel Hymne qu'il a fait à leur honneur. Les Sculpteurs & les Peintres, autre
efpèce de Poëtes, mais qui, en ces temps-
là, étoient auffi Philofophes, y ajoutè-
rent quelques nouveaux traits, que Sénè-

que *, & après lui, *Natalis Comes*, nous
ont conservés. Ils repréſentent les trois Graces d'une taille fine & déliée, ſe tenant
toutes par la main, & toujours riantes,
toujours jeunes ; mais en même temps
toujours ſages & modeſtes, ſur-tout décemment vêtues, ſans autre ornement de
tête qu'une belle chevelure, & ſans autre
ajuſtement qu'une robe traînante, légère
& un peu diaphane, dont une élégante
ſimplicité faiſoit toute la richeſſe.

Tel étoit le tableau des Graces que Socrate, le plus ingénieux des anciens Philoſophes, avoit fait expoſer dans la Citadelle d'Athènes, à l'entrée du Temple de
Minerve. C'eſt-là qu'il envoyoit ſes Diſciples, pour apprendre la bonne grace à l'é-
cole des Graces mêmes. Et en effet, à la
vûe de ces repréſentations ſymboliques,
il n'y avoit qu'à ſe demander à ſoi-même
pourquoi chaque choſe y étoit miſe, pour

---

* *De Beneſic. L.* 1. 6. 3.

y trouver toute la philofophie des agrémens. Pourquoi fait-on les Graces d'une
taille fine & déliée ? C'eft que l'agrément
confifte, non pas dans la grandeur , ni
même précifément dans la régularité des
traits, mais dans leur fineffe & leur délicateffe. Pourquoi fe tiennent-elles par la
main ? C'eft que les plus belles qualités,
fans union entr'elles, ne font pas un tout
qui puiffe long-temps nous plaire. Pourquoi font-elles toujours riantes ? C'eft que
rien de plus oppofé aux Graces, qu'un air
fombre. Mais, pourquoi toujours jeunes ?
Ce n'eft pas pour exclure de leur empire
les autres âges de la vie humaine : c'eft
pour nous montrer qu'elles rajeuniffent
tout par leur gaieté naturelle. Il ne faut pas
demander pourquoi on les peint modeftes.
On les fuppofoit toujours vierges : fans
quoi , la fage Minerve les eût bientôt
chaffées loin de fon Temple. Encore moins
faut il demander pourquoi on les repréfentoit décemment vêtues : le *decorum* eft de
l'effence des Graces.

Mais après tout, ce n'eſt là que de la Philoſophie en peinture. Voyons ſi, en examinant les Graces par la nouvelle manière de philoſopher, nous ne pourrons point parvenir à des idées plus nettes & plus capables de nous éclairer : ſauf à revenir à notre tableau, quand il ne préſentera rien de meilleur à faire.

D'abord, quelle eſt la propre ſignification du mot *Grace ?* Qu'on ne s'étonne pas, ſi j'entre dans un examen Philoſophique, par une diſcuſſion grammaticale : elle m'a parunéceſſaire,pou rm'expliqůer ſans équivoque.

Nous entendons ici par *grace*, non préciſément la beauté abſolue d'un objet, mais cette ſorte de beauté ſenſible dont la vûe répand dans l'ame une impreſſion de joie ou de contentement. De-là vient que les Grecs, dont la Langue eſt ſi heureuſe en expreſſions propres, nommoient les Graces, *Charites*, nom tiré de *Chara*, qui ſignifie *joie* ou *gaieté*. Le mot Latin *gratia*, qui

vient de *gratum*, agréable ou délectable ;
porte la même idée dans l'esprit ; & l'on
voit assez que notre mot de *grace*, qui en
est dérivé, n'a point dégénéré sur la route de son ancienne origine. Parmi nous,
comme chez les Grecs & les Romains,
qui dit *gracieux*, dit une qualité qui non-
seulement plaît à l'esprit, mais qui agrée
au cœur. Et c'est la raison pourquoi, dans
notre Langue, le mot de *grace* & celui
d'*agrément* ont toujours passés pour syno-
nymes.

La question est maintenant de sçavoir,
quelle est la nature des graces, de la part
des objets qu'on appelle *gracieux*.

Nous disons de la part des objets. Car
il ne s'agit point ici ni de ces graces
imaginaires, que chacun prête à qui bon
lui semble, selon qu'il en est affecté ;
ni de ces graces de pur caprice, dont
la mode fait aujourd'hui un agrément nécessaire, pour en faire demain un désa-
grément insupportable. Nous ne parlons

que des *graces* réelles, qui font du goût général de la nature.

Mais avant que de répondre à la queſtion propoſée, nous avons encore quelques autres équivoques à éclaircir. Nous exprimons par le mot de *Graces*, les agrémens du corps & ceux de l'eſprit; &, quoique ces deux ſubſtances n'ayent rien de commun, nous ne laiſſons pas de nous ſervir des mêmes termes, en parlant des qualités gracieuſes de l'une & de l'autre. Nous transférons à tout moment celles du corps à l'eſprit, & celles de l'eſprit au corps. Nous ne pouvons preſque jamais nous en expliquer que par des métaphores trompeuſes, faute d'expreſſions propres pour les bien diſtinguer. C'eſt un inconvénient du langage, qui eſt inévitable; mais nous en avertiſſons, pour prévenir les erreurs qui en pourroient naître, ſi l'on négligeoit d'y faire attention.

Après cet avertiſſement, je crois pouvoir déſormais parler des *Graces* comme le vulgaire, en comptant que mes Lecteurs me concevront en Philosophes.

Pour y procéder avec ordre, nous examinerons :

1°. La nature des Graces du corps, qui sont les premières dont l'éclat sensible nous ait touchés ;

2°. La nature des Graces de l'esprit, que nous n'avons connues que long-temps après, mais avec un plaisir de raison beaucoup plus satisfaisant.

PREMIERE PARTIE.

Des Graces du corps.

QUAND, recueillis dans nous-mêmes, nous méditons en Philosophes sur la structure de l'Univers, nous n'y appercevons que de la matière diversement figurée ; ici solide, là fluide, rangée dans un bel ordre, meut avec régle, pour produire des millions de phénomènes périodiques, dont le cours est toujours le même, quoique toujours varié à l'infini. Nous ne concevons alors dans le monde que des beautés purement intelligibles, ou qui ne font que pour l'efprit pur. Je fors de la méditation, & j'ouvre les yeux en plein foleil. Auffi-tôt j'apperçois mille beautés d'un autre genre : des beautés fenfibles, dont le Créateur a orné les premières, pour nous donner un fpectacle non-feulement admirable, mais agréable, brillant, doux, riant, plein d'aménité. C'eft ce que nous appellons les *graces du corps.*

Leur exiftence eft auffi vifible que la lumière & les couleurs qui nous les manifeftent. Nous les voyons diftribuées avec profufion dans tous les genres de corps qui compofent les différentes parties du monde matériel : dans les corps inanimés ; dans ceux qui ont une efpèce d'ame ; & principalement dans l'homme, qui, ayant une ame toute fpirituelle, fait un régne à part plus gracieux que tous les autres. C'eft la gradation que l'Auteur de la Nature a obfervée dans la diftribution des graces du corps. Nous ne pouvons mieux faire, que de fuivre le même ordre en les examinant. Mais, pour donner quelques bornes à une matière qui n'en a point, nous nous contenterons d'un petit nombre d'exemples de chaque efpèce.

Parmi les corps inanimés, celui qui s'offre à la vûe le plus agréablement, c'eft l'arc-en-ciel. Pourquoi n'a-t-il qu'à paroître, pour s'attirer tant de fpeſtateurs? Et par quel charme nous applique-t-il à le confidérer? Ce n'eft pas feulement par l'élégance de fa figure circulaire : on a vû des arcs-en-ciel tout blancs; on en a vû d'entièrement rouges, qui ont paru plus rares qu'agréables. Ce n'eft pas non plus précifément par la multitude de fes couleurs, il y a des pierres figurées qui en ont davantage, & qui nous plaifent moins. Ce n'eft pas encore par le grand nombre d'arcs diverfement colorés que l'on y diftingue. Si on les diftinguoit trop; je veux dire, si leur séparation étoit trop brusque, leurs couleurs séroient trop tranchantes, comme s'expriment les Peintres, & par conséquent elles diviseroient trop le coup d'œil, pour contenter la vûe. En quoi donc enfin ferons - nous consister le véritable agrément de l'arc-en-ciel ? Nous venons de l'insinuer. Nous voyons tous les arcs diversement colorés, qui le composent, réunis par des nuances délicates, qui joignent leurs couleurs sans les confondre, & qui les distinguent, sans les séparer ; qui leur ressemblent assez pour faire un coup d'œil simple, & qui en sont assez différentes pour faire un coup d'œil varié ; en un mot, des nuances qui leur donnent cette unité gracieuse dans laquelle nous avons dit ailleurs que réside la forme essentielle du beau. J'en appelle à tous les Observateurs attentifs de l'arc-en-ciel, voilà le vrai principe de son agrément, la vraie cause du plaisir que nous prenons à le contempler : l'unité du spectacle, malgré la diversité de la décoration. Et voilà sans doute ce que vouloient dire les anciens Peintres, quand ils repréfentoient les trois Graces comme trois fœurs inféparables, qui fe tiennent toujours par la main.

C'en eſt aſſez ſur la nature des agrémens dont les corps inanimés ſont capables. Ils ne peuvent plaire qu'à l'œil, ſans nous intéreſſer autrement. Montons à un autre genre de graces plus nobles, à celles des corps, qui, ayant une eſpèce de vie, nous doivent naturellement piquer davantage. Les fleurs nous ſerviront d'exemple. Elles nous offrent une idée des graces beaucoup plus riante, &, ce que nous cherchons principalement, une idée plus diſtinĉte. C'eſt la première obſervation que nous y allons faire.

Un arbre nous paroît beau, quand il s'éleve ſur ſa tige bien à plomb; quand ſes branches montent en l'air dans un ordre ſymmétrique. Mais quand eſt-ce qu'il commence à nous paroître gracieux? Il ſe cou-

vre de fleurs : c'eſt le moment de la naiſſance des graces. Nous aimons à regarder
la verdure d'une prairie ; mais ſi vous en
ſéparez l'émail des fleurs, nos regards n'y
feront pas un long ſéjour. Je vois un parterre, dont les compartimens ſont tracés
avec art, les bordures élégantes, le champ
bien ordonné : ce n'eſt encore là que le
deſſein d'un tableau qui attend le coloris.
Je vois des boutons qui ſe forment de toutes parts : ce n'eſt encore qu'une eſpéran-
ce d'agrémens. La belle ſaiſon vient, qui
les fait éclore : voilà les graces qui s'épa-
nouiſſent avec les fleurs. Conſidérez-les
de loin : quelle gaieté dans le premier coup
d'œil ! Approchez-en, pour les obſerver de
près : l'œillet, la roſe, la tulipe, l'anémo-
ne. Quel poli, quel luſtre dans leur ſurface !
quelle fineſſe dans la découpure des bords !
quelle juſteſſe dans la forme des calices !
quelle variété dans leurs couleurs, dans les
teintes & demi-teintes qui en compoſent
la peinture ! Sur-tout, quelle unité dans le

total qui en réfulte ! car c'eft un principe
où il faut toujours en revenir, en matière
de beauté. Mais il y a dans les fleurs un
autre point qui me paroît encore plus tou-
chant.

C'eft un certain air de vie que nous y
appercevons. Il femble qu'elles refpirent :
& il y a même de grands Philofophes qui
en font perfuadés. Quoi qu'il en foit, il eft
manifefte qu'elles ont un air de vie fenfible : ce qui leur donne fur les corps inanimés les plus gracieux, la même fupériori-
té d'agrémens que nous découvrons dans
une fleur véritable fur une fleur peinte. On
s'étonne quelquefois de voir des Curieux
qui conçoivent pour les fleurs une efpèce
de paffion, ou plutôt une paffion déclarée,
puifqu'ils fe donnent eux-mêmes le nom
d'*Amateurs* par excellence. Je ne m'en
étonne prefque plus. Les fleurs ont des
graces vivantes, qui non-feulement charment les yeux, mais qui touchent le cœur
en quelque forte. Nous fommes fi naturellement

lement touchés, que les Orateurs & les Poëtes y vont emprunter, pour nous plaire, leurs plus belles métaphores : la *fleur de l'âge*, un *teint fleuri*, un *style fleuri*, un *état florissant*. On diroit, à les entendre, qu'en fait d'agrémens, il n'y a rien dans la nature au-dessus des fleurs. Ils me permettront d'en douter.

Le Souverain Pere des Graces ne s'est point épuisé à orner nos parterres : il en a réservé de plus frappantes au genre de corps qui ont une espèce d'ame & de sentiment. Combien voyons-nous d'animaux qui naissent vêtus avec une magnificence que tout notre luxe ne sçauroit égaler ! Combien, qui ajoutent à l'élégance de leur figure & à la beauté de leurs couleurs, d'autres agrémens plus vifs que ceux des fleurs les plus brillantes ! Je ne passerai pas jusqu'aux Indes pour vous en amener des exemples. Des Léopards, des Tigres, des Serpens couverts de mille richesses ? la frayeur du spectacle pourroit vous empêcher d'en reconnoître toutes les graces. Nos Oiseaux les plus communs de l'Europe me fourniront une preuve plus agréable de ma proposition : faisons-en le parallèle avec les fleurs. C'est un combat de graces, que je vais vous représenter entre deux grands empires, le régne végétal & le régne animal : ou, s'il m'est permis de parler poëtiquement dans une matière qui est d'elle-même assez poëtique, entre l'empire de Flore & celui des habitans de l'air.

Les fleurs nous vantent avec raison le brillant, la douceur, la vivacité de leur teint ; mais, pour en oublier tout l'éclat, nous n'avons qu'à considérer le plumage du Paon. Le Ciel a-t-il plus d'étoiles, ou le Printems plus de fleurs ? Sa queue toute seule est un parterre complet. Nos plus belles fleurs n'ont que des couleurs fixes, & chacune la sienne propre invariablement. Jettez les yeux sur le col d'un Pigeon qui se pavane au soleil : vous y en verrez tour

à tour une infinité. C'eſt un ſatin naturel
qui change de luſtre à tous les divers aſ-
pects de la lumière. On y voit les couleurs
les plus gaies devenir tout-à-coup des
nuances, & les nuances les plus ſombres
devenir des couleurs, ſelon les différens
points de vûe où il lui plaît de ſe montrer.
Les fleurs, attachées à la terre par des liens
qu'elles ne peuvent rompre, n'ont qu'une
vie ſans ame & ſans mouvement : elles ne
peuvent relever leurs graces par une allu-
re convenable. Regardez au contraire le
Roi d'une baſſe-cour : cette crête enlumi-
née qui s'élève en forme de couronne, cet
air de tête, cette marche, ce port : chaque pas vous préſente un ſpectacle de graces nouvelles. Enfin, ce qui eſt peut-être
le plus à remarquer, les fleurs ſont aveugles : elles reçoivent nos regards, ſans nous
les rendre. Voulez-vous aſſiſter à un ſpectacle qui vous donne des ſpectateurs ? Ob-
ſervez des Oiſeaux dans une volière, ou
ſeulement un Cygne qui nage ſur les eaux :

T ij

voyez comme il avance gravement ; la tête levée, regardant tout autour de lui avec complaisance. Ne diroit-on pas qu'il est sensible à l'honneur de vos regards, & que, par reconnoissance, il s'étudie à les mériter ? Nous avons ci-dessus relevé l'éclat des fleurs par cet air de vie qu'elles respirent. Mais on m'avouera que le sang & les esprits ont une toute autre force, pour animer les beautés du régne animal : que la faculté de se mouvoir eux-mêmes, accordée par la Nature aux sujets de cet empire, ajoute un nouveau lustre à tous les autres agremens qu'ils en ont reçus ; en un mot, que les graces qui ont pour principe une espèce d'ame & de sentiment, nous en doivent paroître incomparablement plus gracieuses, & qu'elles le sont d'autant plus, que l'ame qu'elles nous annoncent est plus parfaite. C'est ce qui me reste à prouver en parlant des graces de l'homme.

Or, sans flatter notre espèce, n'est-il

pas visible par la seule structure extérieure
du corps humain, que la sagesse du Créateur s'est proposé de construire un Palais
digne d'une ame raisonnable ? Je ne dis
pas seulement par la majesté de ses traits :
je dis par la multitude & par la nature
des graces qu'il a répandues dans son
visage, dans son port, dans ses manières.
Il y en a un si grand nombre, qu'il faudra nous contenter d'en indiquer les prin-
cipales.

Premièrement, son visage seul ne paroît-
il pas formé pour être le siége de toutes les
graces ? La sérénité de son front, qui vous
annonce un abord facile : la douceur de
ses yeux, qui vous promet un accueil favorable : un *entre-œil* vivant, qui s'épa-
nouit à votre présence : le souris de sa
bouche, qui prévient la parole, pour vous
assurer du plaisir qu'il a de vous voir : le
tout enfermé sous une enveloppe subtile
& transparente, qui vous découvre, comme au travers d'une gaze fine, tous les

fentimens de fon ame. Nous n'y voyons pas, il eft vrai, autant de couleurs que dans nos parterres, ou fur le plumage de certains Oifeaux : du blanc & du rouge parfemés avec art, en font tout le coloris. La raifon en eft toute naturelle : des couleurs trop multipliées en auroient banni des graces beaucoup plus eftimables. Il falloit, fi j'ofe ainfi dire, une toile rafe, ou légèrement colorée, pour recevoir à tout moment de nouvelles teintes, felon les circonftances, & pour en rendre les expreffions plus touchantes.

Son port n'eft pas fufceptible d'un fi grand nombre d'agrémens que fon vifage. Combien pourtant ne peut-il point en avoir, quand on veut fe rendre attentif à profiter des dons de la nature ! Car, que demande un port gracieux ? un maintien droit fans affectation, une attitude aifée, une contenance gaie & modefte, une démarche ferme fans pefanteur, & légère fans précipitation, une certaine flexibilité d'organes pour prendre facilement tous les airs convenables aux égards que l'on doit à la Société civile. Or, c'est à quoi le corps de l'homme a dès son enfance une difposition fi naturelle, que pour en former l'habitude, il n'a befoin que d'une attention affez médiocre, pourvû qu'elle foit un peu foutenue.

La troifiéme efpèce de graces extérieures, eft celle des manières. Il n'y a proprement que l'homme qui en foit capable. On a beau dreffer les animaux les plus dociles : on peut leur donner quelques airs ou quelques allures affez agréables ; mais parce qu'ils n'ont que des *efprits-corps*, comme difoit l'ingénieux la Fontaine, on apperçoit toujours, dans leurs mouvemens les plus réguliers, je ne fçai quoi de lourd qui fent trop la bête, pour mériter le nom de manières. Que faut-il pour en avoir ? Confidérons un honnête homme qui veut plaire dans le monde : nous verrons dans tout fon extérieur un compofé

T iv

bien afforti des mouvemens de la tête, des yeux, des bras & des mains, foutenus par des attentions vifibles à vous témoigner fon eftime, & à mériter la vôtre. C'eft proprement ce qu'on appelle avoir des manières. Elles fuppofent une ame intelligente qui fçait régler, avec bienféance, tous les mouvemens du corps qu'elle anime.

Vous fçavez les agrémens qu'elles répandent dans la Société. C'eft une efpèce d'éloquence du corps qui fait plus de la moitié du don de plaire & de gagner les cœurs : elles forment dans le monde cette aimable qualité que nous appellons *politeffe* ; elles peuvent remplacer la plûpart des défauts corporels. Que dis-je ? elles peuvent même, jufqu'à un certain point, fuppléer à ceux de l'efprit. Combien d'exemples en pourroit-on citer dans la Cour & dans la Ville ! Combien, qui doivent la réputation de gens d'efprit à leurs manières gracieufes !

On me dira peut-être : Combien plus, qui n'ont aucun de ces agrémens du corps dont je viens de parler ! combien même il y en a qui paroiſſent n'avoir aucune aptitude pour les acquérir ! Je ſçai qu'il y a des hommes qui, par leur figure extérieure, ſemblent nés en dépit des Graces. Que doivent-ils faire pour ſe les concilier ? Leur dirai-je, comme Platon à Xénocrate : Allez ſacrifier aux Graces, avant que de vous montrer au monde ? Le compliment ne ſeroit pas fort gracieux. Je leur dirai donc, qu'il eſt un reméde plus ſûr contre les déſagré-mens extérieurs : c'eſt de remplacer les graces du corps par celles de l'eſprit. Mais pour appliquer le reméde, il en faut con-noître la nature. Entrons dans cette nou-velle carrière des Graces.

SECONDE PARTIE.

Des Graces de l'Eſprit.

Il y a des perſonnes qui font paroître,

dans leurs discours une manière de penser, un sentiment, un tour d'expression si
agréables, que nous ne pouvons les entendre sans être touchés de leurs paroles.
C'est en général ce que nous appellons
Graces de l'Esprit : d'où proviennent ces
agrémens du discours, qui nous plaisent
non-seulement par le sens des paroles, mais encore plus par le tour qui les
accompagne. La conversation des honnêtes gens du monde, sur-tout quand ils
ont sçu joindre un peu de culture à un
bon fond de génie naturel, nous en fournit des exemples de toutes les sortes. Ce
n'est pourtant pas dans ces entretiens libres que nous allons considérer les graces
de l'esprit. Car, outre qu'elles ne doivent
s'y montrer, pour ainsi dire, que dans leur
négligé, on les y voit ordinairement si
mêlées avec l'agrément des manières,
qu'il est très-difficile de les en bien distinguer.

Il faut, pour s'en former des idées moins

confufes, les envifager toutes feules dans ces difcours fuivis & préparés, où il leur eft permis de paroître dans tout leur éclat ; je veux dire, dans les difcours qu'on appelle *Ouvrages d'efprit.*

C'eft donc là que nous croyons devoir confidérer les graces dont je parle, pour en découvrir le véritable caractère. Mais comme je n'ignore pas que je n'ai acquis dans la République des Lettres aucun droit de prononcer fur une matière fi délicate, j'aurai foin de ne rien avancer que fur la foi des plus grands Maîtres du bon goût, anciens & modernes.

Jamais leur concert ne fut fi unanime. Ils ont tous d'abord pofé pour principe, qu'un ouvrage d'efprit ne peut plaire fans les Graces. Héfiode les donne pour compagnes à toutes les Mufes : Théocrite les invoque, pour lui dicter fes vers : Cicéron veut que fon Orateur en orne fon éloquence. Et à plus forte raifon les Poëtes les doivent-ils regarder comme effentielles à leur art. C'eſt, dit Horace, une loi indiſpenſable dans la Poëſie:

Non ſatis eſt pulchra eſſe poëmata, dulcia ſunto.

Vous avez fait un Poëme plein de beautés? Ce n'eſt point aſſez pour plaire: il faut que ces beautés ſoient touchantes & gracieuſes, *dulcia ſunto*. Notre Horace François donne à nos Poëtes la même leçon dans ſon Art poëtique:

De figures ſans nombre égayez votre ouvrage:
Que tout préſente aux yeux une riante image.
Sans tous ces ornemens, le vers tombe en langueur;
La Poëſie eſt morte, ou rampe ſans vigueur.

La néceſſité des graces dans un ouvrage d'eſprit, eſt donc inconteſtable. Il faudra un peu plus d'attention, pour découvrir en quoi elles conſiſtent, quelles en ſont les ſources naturelles, & enfin quelles ſont les matières où les ſciences qui en ſont ſuſceptibles. Trois queſtions importantes que nous allons tâcher de réſoudre, ou du moins de mettre en état d'être résolues par des esprits attentifs.

Pour décider la première, il s'agit de vous rappeller le tableau des Graces. Il y en a trois dont les noms symboliques signifient *brillant, douceur, vivacité* : qui se tiennent toutes par la main : toujours riantes, jeunes & vierges : décemment vêtues, simplement, mais avec élégance ; en robe traînante, légère, & d'une étoffe un peu diaphane.

C'est une énigme que nous avons déja expliquée en général. Il est ici question d'en appliquer tous les symboles aux ouvrages d'esprit en particulier. Pourquoi trois Graces ? pour nous apprendre, que dans un discours un seul agrément ne suffit pas pour soutenir long-temps notre attention. Le brillant tout seul fatigue : la douceur toute seule affadit ; la vivacité toute seule étourdit. Les trois Graces doivent donc se tenir par la main dans une composition : c'est-à-dire, que le brillant doit être doux, la douceur vive, & la vivacité douce & lumineuse. Elles font toujours riantes, parce que c'eſt la gaieté de l'eſprit qui leur donne la naiſſance : toujours jeunes, car elles font de la nature de l'ame, que l'âge ne ride pas : toujours vierges, autrement ce ne feroit plus des graces d'eſprit, mais des courtiſanes indignes de nos regards. Elles font décemment vêtues ; car comment la plus belle penſée, ou le plus beau ſentiment, pourroit-il nous plaire, ſi les paroles, qui en font comme les vêtemens, n'y convenoient pas? Mais du reſte elles ne demandent pas beaucoup d'apprêt. La propriété des termes avec un peu d'élégance en doit faire toute la parure. Par la même raiſon, elles marchent en robe traînante, parce qu'un peu de négligence ne ſied pas mal aux Graces, dont le principal ſoin doit être d'imiter la nature. On ajoute enfin, que leur robe eſt légère & d'une étoffe un peu diaphane : pouvoit-on nous apprendre plus ingénieu-

fement deux grandes régles de l'art oratoire ? La première, que, fi un difcours
doit avoir des ornemens, il ne faut pas
qu'il en foit trop chargé : la feconde, que
s'il peut fouffrir quelques obfcurités, il faut
que la penfée de l'Auteur fe découvre fans
peine au travers.

Je ne crains pas que les perfonnes un
peu verfées dans la Philofophie des Anciens me difent, que ces applications de
leur tableau des Graces, aux ouvrages d'efprit, font arbitraires. Elles font trop juftes
pour n'être pas de la première inftitution
du Peintre. Mais fi l'on avoit là-deffus
quelques fcrupules, nous avons de quoi les
diffiper.

Confultons encore les Oracles des Graces littéraires. Nous les voyons repréfen-
tées avec les mêmes traits dans les Auteurs qui les ont le plus étudiées. Horace,
l'efprit le plus fin de la Cour d'Augufte, la
plus fpirituelle qui ait jamais été, nous les
décrit en deux mots dans le portrait de

Virgile. *Varius*, dit-il, a une force, une
énergie, une vivacité de compofition qui
le feront toujours admirer : mais les Mufes ont accordé à Virgile ce tour facile &
agréable qui le feront toujours lire avec
un nouveau plaifir :

> ....*forte Epos acer,*
> *Ut nemo, Varius ducit :* molle, atque facetum
> *Virgilio annuerunt gaudentes rure Camœnæ.*

Remarquez, s'il vous plaît, ces deux
qualités qu'Horace réunit dans l'idée d'u-
ne compofition gracieufe : *molle, atque
facetum.* C'eft-à-dire, un ftyle doux & piquant : deux qualités oppofées en apparence, mais qu'il faut fçavoir accorder
enfemble, ou renoncer aux graces dans le
difcours. Autrement qu'arriveroit-il ? La
douceur du ftyle toute feule deviendroit
bientôt fade. N'eft-ce pas le fort de la plûpart des Elégies anciennes & modernes ?
Le ftyle piquant tout feul nous déplairoit
peut-être encore plutôt par un fel trop
prodigué. N'eft-ce pas le fort de ces Auteurs

teurs pointilleux, qui ne parlent que par épigrammes ? Que faire donc enfin, pour plaire à coup sûr ? Tempérez l'un par l'autre. Il n'y a que l'accord bien ménagé du doux & du piquant qui puisse former ce qu'on appelle *une composition gracieuse.* Et apparemment c'est de-là qu'un de nos Poëtes a tiré cette belle définition de la Poësie Françoise :

> L'art d'attraper facilement,
> Sans être esclave de la rime,
> Ce tour aisé, cet enjoûment,
> Qui seul peut faire le sublime.

Sénèque * nous dépeint les Graces du genre oratoire à-peu-près sous les mêmes couleurs. » Lisez Cicéron, dit-il à son ami Lucile : » sa composition est toujours une, » soutenue sans contrainte, nombreuse, » coulante, ornée, souple, tendre, mais » sans tomber dans l'infamie d'une mollesse » efféminée : « [*Lege Ciceronem : compositio ejus*

---

* *Ep.* 100.

V

una est, pedem servat, curata, lenta, & sine infamiâ mollis.] Il ne manqueroit rien à ce portrait des Graces oratoires, si l'Auteur y avoit ajouté le *facetum* d'Horace, qui, dans toute son étendue, convient mieux à Cicéron qu'à Virgile.

Mais il faut pardonner cet oubli à Sénèque, en faveur d'une autre espèce de graces, dont il a reconnu la nécessité dans la composition, & qui me paroît, je l'avoue, la plus belle des graces de l'esprit : c'est la justesse. Mais quoi ! cette justesse que nous abandonnons si volontiers aux Mathématiques, pour en dispenser tous les autres genres d'écrire ? Oui, je tiens la justesse pour une grace dans le discours en tout genre de composition ; & je veux bien m'en rapporter à vous-mêmes, quand vous aurez pris la peine d'entendre Sénèque.

» Voulez-vous sçavoir, dit-il à un Bel-Esprit Philosophe, » ce qui m'a plu dans » votre Lettre ? Vous avez les paroles à » commandement : elles ne vous entraînent

» jamais au-delà de votre but, comme ces
» Auteurs qui s'écartent à tout propos de
» leur sujet, pour courir après quelque mot
» brillant : c'est un écueil dont la belle appa-
» rence ne vous séduit pas. Dans votre ma-
» nière d'écrire, tout est concis, tout vient
» juste à votre matière : vous dites par-tout
» précisément ce que vous voulez dire, &
» vous faites par-tout entendre plus que
» vous ne dites : « *Audi, quid me in epistolâ
tuâ delectaverit. Habes verba in potestate : non
effert te oratio, nec longiùs, quàm destinasti,
trahit. Multi sunt, qui ad id quod non propo-
suerant scribere, alicujus verbi decore placentis
vocentur ; quod tibi non evenit. Pressa sunt om-
nia, & rei aptata. Loqueris quantum vis, &
plùs significas, quàm loqueris.*

Le passage est un peu long ; mais il est
substantiel, vif, plein, & il n'y a point là
de paroles perdues. C'est ce que nous entendons par justesse dans le discours : justesse dans la pensée, pour nous éclairer
sans nous éblouir par trop de brillans : jus-

teſſe dans le tour qui l'accompagne; pour nous y appliquer ſans nous diſtraire par des ſentimens trop vifs : juſteſſe dans l'expreſſion, pour nous rendre la vérité ſans l'obſcurcir par un tas de paroles ſuperflues, ou trop figurées. C'eſt ainſi que tous les Maîtres de l'Art en ont jugé dans les beaux ſiécles du bon goût naturel. Or de-là, que doit-on inférer ?

Ma concluſion eſt, que nous devons mettre la juſteſſe au nombre des graces du diſcours; & il ne ſeroit pas même difficile d'en trouver le ſymbole dans la taille fine & déliée que Socrate leur donne dans ſon tableau.

Juſqu'ici je me ſuis laiſſé conduire par l'autorité des Maîtres de l'Art, pour établir la vraie idée des graces de l'eſprit. Il eſt temps de conſulter la raiſon en elle-même, pour répondre à nos deux autres queſtions. Quelles ſont les ſources naturelles des graces du diſcours ? Quelles ſont les matières qui en ſont ſuſceptibles ?

Je répondrai à toutes les deux par le même principe.

Il est évident que les hommes étant composés d'esprit & de corps, le commerce qu'ils ont ensemble par la parole n'est pas un commerce purement spirituel, mais un commerce d'esprit, où il entre du sensible, pour donner, si j'ose ainsi dire, du corps à leurs pensées : c'est le principe. Et pour me restraindre aux discours médités, qui sont ici mon principal objet, ne convient-on pas universellement que toute composition doit être une peinture, & une peinture animée, pour soutenir l'attention du Lecteur ou de l'Auditeur ? Tirons la conséquence. La composition est une peinture ; il y faut donc des images. C'est une peinture animée ; il y faut donc des sentimens. Mais ces images & ces sentimens, dans quelles sources les irons-nous puiser ? L'Auteur de la Nature les a mises dans nous-mêmes, en nous donnant deux facultés toutes propres à les ré-

pandre dans nos peintures ; je veux dire ,
l'imagination & le cœur : l'imagination ,
pour tenir le pinceau , & le cœur pour le
conduire. Voilà les deux sources naturelles
des agrémens du Discours.

Que l'imagination en soit une, son nom
seul en est la preuve. C'est la mère des
images & des tours qu'on appelle ingénieux : c'est elle qui fournit aux Orateurs
& aux Poëtes leurs plus belles figures ;
c'est par elle, pour me servir des termes
de Boileau ,

Que l'esprit orne, éleve, embellit toutes choses ,
Et trouve sous sa main des fleurs toujours écloses.

Nous sçavons qu'un grand Philosophe *,
de notre siécle lui a fait la guerre dans tous
ses Ouvrages , comme à une empoison-
neuse publique. Mais s'il a remporté sur
elle quelques victoires, comme nous n'en
doutons pas, c'est à elle-même bien autant qu'à ses raisons, qu'il en a été redeva-
ble. Car on peut dire, que jamais l'imagi-

---

* Le P. Malebranche, de l'Oratoire.

nation ne l'a mieux fervi, que lorfqu'il l'a combattue. » C'étoit un ingrat, dit M. de Fontenelle, » pour qui elle travailloit mal- » gré lui : elle ornoit fa raifon en fe ca- » chant d'elle. « Ainfi plus perfuadés par fon exemple, que par fes raifonnemens, nous ne laifferons pas de reconnoître l'i- magination pour la première fource des agrémens du Difcours.

Le cœur eft la feconde : nous ofons même dire qu'il en eft la fource principale dans toutes les compofitions dont le but eft d'affectionner l'ame aux objets qu'on lui préfente ; à la vérité, par exemple, à la juftice, à la Religion, à la pureté des mœurs. En vain la plus belle imagination nous étaleroit fes peintures les plus bril- lantes ; il faut que le cœur prenne fou- vent le pinceau pour les animer par le fen- timent. C'eft une régle d'éloquence con- nue de tout le monde. Voulez-vous me tou- cher ? Soyez touché vous-même. Il n'y a que le cœur qui fçache parler au cœur.

V iv

C'eſt le cœur ſeul qui ſçait toucher les véritables cordes, qui nous remuent par la
ſympathie naturelle de nos ames : lui ſeul,
qui ſçait trouver dans ſon propre feu, les
traits les plus propres pour nous enflam-
mer : cet enthouſiaſme des grands Poëtes,
ce pathétique fort ou tendre des grands
Prédicateurs.

Il me ſemble entendre ici quelque murmure parmi nos Philoſophes. Eſt-ce donc
ainſi que vous abandonnez les Graces à la
conduite de deux aveugles, à l'imagination
qui eſt une folle, & au cœur qui eſt un
imbécille, toujours eſclave, ou de ſes fu-
reurs, ou de ſes foibleſſes ? Ne blaſphêmons
pas contre les dons du Créateur. Nous
avons déja prévenu la difficulté, en mettant la juſteſſe au nombre des graces néceſſaires dans le Diſcours : ſi néceſſaires
même, que, ſans la juſteſſe, nous préten-
dons que les plus brillantes images des
Poëtes, les figures les plus pathétiques
des Orateurs, les deſcriptions les plus

pompeuſes ou les plus fleuries des Hiſto-
riens, n'ont qu'un éclat frivole, ſemblable
à ces feux nocturnes, qui après nous avoir
éblouis quelques momens, nous laiſſent
tout-à-coup dans les ténèbres.

Mais, après avoir accordé aux Philoſophes, ou plutôt demandé à eux-mêmes ce
point fondamental de la compoſition, ſera-t-il défendu à une penſée juſte, qui ſe
préſente à nous, de prendre, en paſſant,
la teinture de l'imagination & du cœur,
pour paroître en public avec plus de grace? Nous ſera-t-il défendu de revêtir les
idées de la raiſon de quelques images, pour
les rendre plus intéreſſantes, ou de quelques ſenſibilité, pour les rendre plus aimables? Nous ſera-t-il défendu d'y ajouter
même, ſi on les trouve ſous ſa main, l'é-
légance des termes & l'harmonie du ſtyle,
pour introduire la vérité dans l'eſprit avec
plus d'agrément? Et pour quoi donc les
graces du diſcours ſont-elles faites, ſinon
pour ſervir de parure à la vérité?

Par ce principe, qui eſt indubitable, **ma**
troiſiéme queſtion eſt plus qu'à demi réſo-
lue. Quelles ſont les matières ou les ſciences, qui ſont ſuſceptibles des graces du
diſcours ? Je ne crains plus de le dire. Il
n'eſt point de ſujet ſi ſombre, où les graces ne puiſſent pénétrer, tantôt les unes,
tantôt les autres, & quelquefois toutes enſemble. On m'accuſera peut-être encore
d'avancer là un paradoxe : paradoxe ou
non, je prétens que c'eſt une vérité, dont
la preuve n'eſt pas même difficile. Et en
effet, quelle eſt la matière ou la ſcience,
que l'on voudroit exclure de l'empire des
graces ?

Seroit-ce la Philoſophie, elle qui con-
temple de ſi beaux objets, la raiſon qui
nous éclaire, l'ordre & la régle des mœurs,
le grand ſpectacle de l'Univers, qui eſt en
même temps ſi gracieux ? Mais depuis
quand les Philoſophes auroient-ils renon-
cé à l'eſprit ? Les premiers Sçavans, qui
ont tenu Ecole de Philoſophie, ont auſſi

tenu Ecole de Graces. Platon y a sçu répandre tout le sel de son Atticisme : Cicéron tous les agrémens de l'urbanité Ro-
maine ; & sans aller si loin chercher des
exemples d'une Philosophie gracieuse,
nous avons un Auteur, qui a sçu revêtir
les idées de la plus abstraite Métaphysique
des images les plus riantes, & les animer,
si j'ose ainsi dire, par les sentimens les
plus tendres, que la beauté de la Sagesse
éternelle puisse inspirer à ses Amateurs.

Dira-t-on que du moins les mystères de
la Religion sont inaccessibles aux graces
du discours ? Boileau l'a dit aussi quelque
part :

> De la foi d'un Chrétien les Mystères terribles
> D'ornemens égayés ne sont pas susceptibles.

Mais si par-là il avoit prétendu bannir
toutes les graces d'un discours Chrétien,
nous avons l'exemple des Peres de l'Eglise à lui opposer. Parmi les Peres Grecs,
Saint Basile, Saint Jean-Chrysostôme,

Saint Grégoire de Nazianze , n'ont pas
cru avilir nos myſtères, en les traitant d'un
ſtyle , que les beaux ſiécles d'Athènes
n'auroient pas déſavoué. Parmi les Latins,
Saint Cyprien, Saint Ambroiſe, Lactance,
Minutius Félix , le grand Saint Auguſtin
lui-même, n'ont pas cru affoiblir les preuves de la Religion Chrétienne , en y mê-
lant quelquefois les fleurs de leur éloquence. Parmi nous , les Maſſillons & les
Cheminais n'ont pas cru dégrader la
Chaire , en y portant cette onction élégante & ingénieuſe , qui attiroit toute la
France à leurs Sermons. Mais pourquoi
citer les Diſciples , quand nous avons le
Maître à produire en témoignage ? C'eſt
lui dont il a été dit , *que la grace étoit répandue ſur ſes levres.* Images , ſentimens ,
mœurs aimables , combien d'agrémens divins dans tous ſes diſcours ? On les alloit
entendre juſques dans les déſerts : on s'y
récrioit, que jamais Mortel n'avoit parlé
de la ſorte ; en un mot, on étoit ravi en

admiration des paroles de grace, qui sor-
toient de sa bouche : *Mirabantur omnes in
verbis gratiæ, quæ procedebant de ore ipsius* *.

Enfin, que dirons-nous des Mathématiques, dont on assure depuis si long-temps,
qu'elles se refusent aux ornemens du Discours? On en a même fait une espèce de
Proverbe :

Ornari res ipsa negat, contenta doceri.

Manil. L. **1.**

Sera-ce donc une raison pour les exclure
du nombre des Sciences, que l'on peut
rendre gracieuses? Je m'y oppose au nom
de l'Académie Royale. Et pourquoi les
en exclurions-nous? Y a-t-il une loi qui
défende aux Muses Mathématiques de rire
quelquefois? Ou plutôt, n'est-ce point à
nos vérités qu'il appartient toujours de
rire, puisqu'elles sont toujours sûres de la
victoire? Je conviens qu'elles ont leurs

---

* Luc 4. v. 22.

épines, mais des épines qui se transforment bientôt en roses. La science des
nombres, par où elles commencent à nous
instruire, n'est-elle pas remplie de problêmes divertissans, qui ne demandent qu'un
tour ingénieux pour leur donner de la
grace ? La Géométrie, par où elles continuent à nous éclairer, présente à l'imagination les figures les plus élégantes, pour la.
mettre en belle humeur. Les parties sensibles des Mathématiques, l'Optique, la
Musique, l'Astronomie, la Géographie,
en nous découvrant par-tout une Intelligence bienfaisante, qui veille sans cesse à
nos besoins, & même à nos plaisirs, n'offrent-elles point au cœur les objets les plus
capables de l'affectionner ? Que manquet-il donc à ces belles Sciences, pour être
susceptibles des graces du discours ? Il y a
long-temps qu'Archimède a commencé à
mettre de l'aisance & de la légèreté dans
le style Mathématique. Aratus, Poëte Grec,
y a même sçu joindre les agrémens de la

Poësie. Le fameux Galilée n'est pas moins agréable dans ses Dialogues sur le systême du Monde. Le grand Descartes a orné sa Musique & sa Dioptrique, les principes les plus profonds de sa Physique, ses Météores & ses Tourbillons même, des images les plus gracieuses. Le P. Pardies nous a donné des Elémens de Géométrie & de Statique, d'une élégance qui ne le cède guères à celle de Vaugélas. Le Marquis de l'Hôpital, en traitant la Géométrie la plus sublime, nous montre, dans son style net & concis, toute la bonne grace d'un Bel-Esprit de qualité. Le brillant Fontenelle a trouvé le moyen d'y mêler son enjouement, & de rendre les Mathématiques, non-seulement gaies, mais encore riantes. Combien d'autres preuves de fait, si nous les citions, feroient voir, que ces belles Sciences ne sont pas si austères, qu'elles se refusent aux graces du discours !

F I N.

AVIS.

LA Comédie des GRACES a fait naître l'agréable Epitre en vers adreſſée à l'Auteur par M. DORAT. Cette Epitre, quoiqu'étrangère à l'objet du Recueil, n'auroit peut-être pas été déplacée à la ſuite de la Comédie; mais on l'a conſidérée comme une Piéce hors-d'œuvre, encore plus propre à faire la clôture du Recueil, qui commence par un Poëme.

EPITRE

ÉPITRE

A L'AUTEUR DE LA COMÉDIE

DES GRACES.

Par M. DORAT.

QUELLE séduisante magie,
Si semblable à la vérité,
A mes regards personnifie
Les Graces & la Volupté !

AH ! la véritable Féerie,
Ce sont l'esprit & les talens.
SAINTFOI, ton aimable génie
Préside à ces enchantemens.
Dans mille riantes images,
Tu peins nos goûts & nos penchans :
A ta voix naissent les Bocages
Peuplés de Nymphes & d'Amans ;
Les Indifférens & les Sages

X

Sont réchauffés par tes accens,
Et c’est au délire des sens
Que l’on reconnoît tes Ouvrages.

Q u e j’aime ce fripon d’Amour,
Chaffé des Cieux pour ses fredaines,
Et ravi d’établir fa Cour
Parmi des Beautés plus humaines !
Eh ! que feroit-il en effet,
Près de la fougueufe Bellone,
De Pallas qui toujours raifonne,
D’Hébé qui garde le buffet ;
Près de Jupin qui le fermone,
Et qui, pour fe défennuyer,
Dans fon trifte & brillant Empire,
Se met par fois à foudroyer
Ce pauvre globe, où l’on fait rire,
Et qu’il eft contraint d’envier ?
Car tel eft le célefte groupe
Si las de la Divinité,
Et favourant à pleine coupe
L’ennui de l’immortalité.

L’A m o u r eft bien mieux fur la terre.
Là, tout l’encenfe & le révère ;
Là, de tout il fe fait un jeu,

Brave l'Egide redoutable,
Et quittant l'affiche d'un Dieu,
Prend la liberté d'être aimable.
Dans le sentiment absorbé,
Tantôt en silence il sçait plaire :
Tantôt, abjurant le mystère,
Près de la volage Thisbé,
Il est fou comme un Mousquetaire,
Ou libertin comme un Abbé.

Sans cesse il termine ou projette ;
Il unit la Nature & l'Art.
Chez la Prude, il vient sur le tard ;
A toute heure chez la Coquette.
Il badine le sceptre en main :
Il commande avec la houlette.
Aujourd'hui, sans suite & sans train,
C'est Coridon ou Timarette :
C'est Alcibiade demain.

Au hasard il enflamme, il blesse
La simple & crédule Beauté,
Qui soupçonnant la volupté,
Touche à l'instant de la foiblesse ;
Et le jeune homme plein d'ardeur,
Qui, volant où l'instinct l'appelle,

Vif, preſſant, heureux & trompeur,
Joint à l'orgueil d'être vainqueur,
Le doux eſpoir d'être infidèle :
Et ce Tircis en cheveux blancs,
Qui, courbé ſous la main du Temps,
S'exténue en cherchant à plaire,
Prend ſes regrets pour des déſirs,
Et d'une voix octogénaire
Balbutie une hymne aux plaiſirs.

A u fond de ce bocage ſombre,
Quel Dieu, l'œil à demi fermé,
Dort ou feint de dormir à l'ombre
De cet arbriſſeau parfumé ?
C'eſt l'Amour, c'eſt ce Dieu perfide,
Toujours plus cruel & plus beau :
Voilà ſon air doux & timide,
Voilà ſes traits & ſon flambeau.
Trois Nymphes, pour lui quel préſage !
S'avancent d'un pas incertain,
Le regardent d'un œil malin,
Et ſe ſauvent ſous le feuillage.
L'Amour rit de leur badinage,
Il s'applaudit de leur frayeur :
Ce ſont les attraits du bel âge,
C'eſt l'innocence & la candeur:

C'eſt la roſe, qu'enferme encore
Son bouton, chéri du Zéphir :
Le plaiſir de la voir éclore
Double celui de la cueillir.
L'aſpect d'un Enfant les raſſure :
On vante ſes vives couleurs,
On joue avec ſa chevelure,
On l'enſevelit ſous des fleurs.
Renfermant encor ſon yvreſſe,
Son ſein, que l'on oſe preſſer,
Palpite, & craint de repouſſer
La jeune main qui le careſſe.

Mais ſur-tout que j'aime à le voir,
Sous les liens de ces guirlandes,
Qui devoient lui ſervir d'offrandes,
Gémir ſans force & ſans pouvoir !
Se débattre, verſer des larmes,
Supplier, frémir, s'indigner,
Captif auprès des mêmes charmes
Qu'il s'apprêtoit à moiſſonner ;
Parmi cent Beautés qu'il déteſte,
N'ayant que l'uſage des yeux ;
Avantage hélas ! bien funeſte,
Lorſque, chargé de mille nœuds,
On ne peut diſpoſer du reſte !

X iij

Luzzi, ton front ingénieux
Nous peint bien ton aimable Maître.
Comme lui tu ris de nos feux,
Et comme lui tu les fais naître.
Oui, tes yeux par lui-même instruits,
Feront tout le mal qu'il peut faire ;
Tu sçais exprimer sa colère,
Sa cruauté, son doux souris ;
Et plus que lui sûre de plaire,
Tu joins le sexe de la mère,
Aux dehors séduisans du fils.

Aglaé, Ciane *, Euphrosine,
Montez au rang qu'on vous destine.
O vous, qui les représentez,
L'Amour vous a remis ses armes,
Et vous partagez tous les charmes
De celles que vous imitez.
Sans nommer quelle est la plus belle,
Chacun entre vous balançant,
Confond, en vous applaudissant,
Le personnage & le modèle.

De jeux toujours environné,
Peintre charmant, Peintre des Graces,

---

* Ailleurs nommée *Thalie.*

Des fleurs dont tu femas leurs traces
Ton front doit être couronné.
Jufqu'ici ta touche légère
N'a point rencontré de rivaux ;
L'Amour fit placer tes tableaux
Dans tous les Boudoirs de Cythère,
Et la Nymphe la plus fevère
S'anime au feu de tes pinceaux.
Apprends-moi cet art de féduire,
Cet art qui fixe le fuccès :
Tu ne veux plus que nous inftruire,
Donne-moi tes premiers fecrets.

MAIS quoi ! puis-je en toi méconnoître
L'aimable Élève du plaifir ?
Sans l'art fublime de jouir,
Anacréon feroit à naître.
Les Ris , les Graces , les Amours,
Furent tes Dieux dans tes beaux jours.
Plein d'un feu fi prompt à s'éteindre
Et que tu fçais entretenir,
C'eft à force de les fervir
Que tu parvins à les bien peindre.

X iv

*LES GRACES**

A Mademoiselle F....

Par le Même.

Muses, Bachus, Dieu du délire,
Je ne viens point vous implorer :
Les Graces ont monté ma lyre ;
Elles feules vont m'infpirer.

De l'Amour Compagnes fidelles,
Élèves de la vérité,
Elles plaifent fans la beauté ;
La beauté ne plaît pas fans elles.

En mille plis voluptueux
Dans tes habits elles fe jouent ;
Églé, ce font elles qui nouent
Les treffes de tes beaux cheveux.

---

*Un heureux hafard nous a procuré cette jolie Piéce, échappée du Porte feuille de M. Dorat. Nous croyons faire plaifir au Public & ne pas déplaire à l'Auteur en l'inférant dans ce Recueil.

Il faut te voir pour les bien peindre ;
D'autres les cherchent sans succès :
Toi ; tu sçais toujours les atteindre ,
En ne les poursuivant jamais.

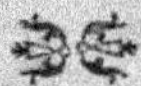

Conserve ce rare avantage ,
Ce *je ne sçai quoi* si charmant ,
Qui seul peut fixer notre hommage ,
Et le changer en sentiment.

Pour juger les trois Immortelles ,
L'Amour te nomme , heureux Pâris :
Tes yeux s'égarent éblouis ,
Et n'osent pas choisir entre elles.

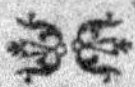

Junon vante sa majesté ,
Minerve , sa guerrière audace ;
Vénus te sourit avec grace ;
Le prix par elle est emporté.

La Déesse alors étoit nue ;
C'est le droit des Divinités :
Je suis plus épris des beautés
Qu'une gaze cache à ma vûe.

Loin cependant les vains apprêts ;
Suis le conseil de la Nature :
Belle Églé, le défaut d'attraits
Fit seul inventer la parure.

Le faste des ajustemens
Nuit à la grace naturelle ;
C'est la Vénus de Praxitelle
Qu'on gâte à force d'ornemens.

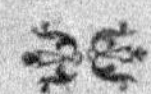

Des fleurs qui naissent sur tes traces
Couronne-toi, sans autres soins ;
Tout ce que l'art ajoute aux Graces
En est toujours une de moins.

Il en est....... le Dieu du mystère
Se plaît lui-même à les voiler :
Amour ! que je puisse en parler ;
Je te promets bien de me taire.

FIN.

APPROBATION.

J'Ai lu par ordre de Monseigneur le Chancelier un Recueil des principaux Ouvrages ou composés ou traduits en François, qui ont pour
objet les *Graces*, soit personnifiées, soit prises
pour le *je ne sçai quoi* plus séduisant que la
Beauté même. Tous les morceaux rassemblés par
l'Editeur me paroissent choisis avec goût; &
quelques-unes des Traductions, dont il a fait
usage, gagnent sous sa plume. A Paris, le premier Décembre 1768.

RÉMOND DE SAINTE-ALBINE.

PRIVILÉGE DU ROI.

LOUIS, par la grace de Dieu, Roi de France &
de Navarre: A nos amés & féaux Conseillers les
Gens tenans nos Cours de Parlement, Maîtres des Requêtes ordinaires de notre Hôtel, Grand-Conseil, Prévôt
de Paris, Baillifs, Sénéchaux, leurs Lieutenans Civils &
autres nos Justiciers qu'il appartiendra, SALUT. Notre
amé LAURENT PRAULT fils, Libraire à Paris, Nous a fait
exposer qu'il désireroit faire imprimer, & donner au Public un Ouvrage intitulé LES GRACES; s'il Nous plaisoit
lui accorder nos Lettres de Permission pour ce nécessaires.
A CES CAUSES, voulant favorablement traiter l'Expo-
sant, Nous lui avons permis & permettons par ces Présentes, de faire imprimer ledit Ouvrage autant de fois que
bon lui semblera, & de le faire vendre & débiter par tout
notre Royaume, pendant le tems de *trois* années consécu-
tives, à compter du jour de la date des Présentes: Faisons

défenfes à tous Imprimeurs , Libraires, & autres perfonnes , de quelque qualité & condition qu'elles foient , d'en
introduire d'impreffion étrangere dans aucun lieu de notre obéiffance : à la charge que ces Préfentes feront en
regiftrées tout au long fur le Regiftre de la Communauté
des Imprimeurs & Libraires de Paris , dans trois mois de
la date d'icelles ; que l'impreffion dudit Ouvrage fera faite
dans notre Royaume & non ailleurs , en bon papier &
& beaux caracteres , conformément aux Réglemens de la
Librairie , & notamment à celui du 10 Avril 1725 , à
peine de déchéance de la préfente Permiffion ; qu'avant
de l'expofer en vente , le manufcrit qui aura fervi de copie à l'impreffion dudit Ouvrage , fera remis dans le même
état où l'Approbation y aura été donnée , ès-mains de notre très-cher & féal Chevalier , Chancelier & Garde des
Sceaux de France , le Sieur DE MAUPEOU ; & qu'il en fera
enfuite remis deux Exemplaires dans notre Bibliothéque
publique , un dans celle de notre Château du Louvre , &
un dans celle dudit Sieur DE MAUPEOU , le tout à peine
de nullité des Préfentes : DU CONTENU defquelles vous
mandons & enjoignons de faire jouir ledit Expofant &
fes ayans caufe , pleinement & paifiblement , fans fouffrir
qu'il leur foit fait aucun trouble ou empêchement. Vou-
LONS qu'à la Copie des Préfentes , qui fera imprimée tout
au long au commencement ou à la fin dudit Ouvrage , foi
foit ajouté comme à l'Original : COMMANDONS au premier notre Huiffier ou Sergent fur ce requis , de faire pour
l'exécution d'icelles , tous actes requis & néceffaires , fans
demander autre permiffion , & nonobftant Clameur de
Haro , Charte Normande , & Lettres à ce contraires :
CAR tel eft notre plaifir. DONNÉ à Paris le quatorziéme
jour du mois de Décembre , l'an de grace mil fept cent
foixante-huit ; & de notre Regne le cinquante - quatrieme.
par le Roi en fon Confeil. *Signé* , LE BEGUE.

*Regiftré fur le Regiftre XVII. de la Chambre Royale &
Syndicale des Libraires & Imprimeurs de Paris , N°. 351.
fol. 325. conformément au Réglément de 1723. A Paris, ce
19 Décembre 1768.*

Signé BRIASSON, *Syndic.*